APRENDA A NEGOCIAR
com o Mundo Árabe

Labrador

RAFAEL SOLIMEO

Prefácio de Michel Temer

APRENDA A NEGOCIAR
com o *Mundo Árabe*

ONDE O IMPOSSÍVEL
É POSSÍVEL

© Rafael Solimeo, 2024
Todos os direitos desta edição reservados à Editora Labrador.

Coordenação editorial Pamela J. Oliveira
Assistência editorial Leticia Oliveira, Jaqueline Corrêa
Projeto gráfico Marina Fodra, Amanda Chagas
Diagramação e revisão Estúdio dS
Capa Heloisa D'Auria, Amanda Chagas
Consultoria de Escrita Central de escritores Rose Lira, Gabriella Maciel Ferreira, Thaís Perez e Pedro Castellani
Preparação de texto Sergio Nascimento
Imagens de miolo Acervo do autor

Dados Internacionais de Catalogação na Publicação (CIP)
Jéssica de Oliveira Molinari - CRB-8/9852

Solimeo, Rafael
　Aprenda a negociar com o mundo árabe : onde o impossível é possível / Rafael Solimeo.
　São Paulo : Labrador, 2024.
　208 p.

　ISBN 978-65-5625-639-9

　1. Civilização árabe 2. Cultura 3. Negócios I. Título

24-2938　　　　　　　　　　　　　　　　　　　CDD 909.097

Índice para catálogo sistemático:
1. Civilização árabe

Labrador

Diretor-geral Daniel Pinsky
Rua Dr. José Elias, 520, sala 1
Alto da Lapa | 05083-030 | São Paulo | SP
contato@editoralabrador.com.br | (11) 3641-7446
editoralabrador.com.br

A reprodução de qualquer parte desta obra é ilegal e configura uma apropriação indevida dos direitos intelectuais e patrimoniais do autor. A editora não é responsável pelo conteúdo deste livro. O autor conhece os fatos narrados, pelos quais é responsável, assim como se responsabiliza pelos juízos emitidos.

Dedico este livro àqueles que têm a mente aberta e estão prontos para atingir um novo nível nos negócios. Aos brasileiros que se interessam em alcançar o Mundo Árabe, desejo que este livro encurte e facilite seus caminhos.

Agradecimentos

Em primeiro lugar, agradeço à minha mãe, Laudy Notman-Watt, pela sua extrema coragem de topar novas aventuras e desbravar o desconhecido há tanto tempo. Foi graças a ela – junto ao meu padrasto, John Notman-Watt – que eu conheci o Mundo Árabe e pela sua força que estou aqui até hoje.

À dra. Inês Marcel, por ter me ajudado com algumas das minhas barreiras e me dado coragem e vontade de ir sempre além do que me diziam que eu era capaz.

A Mohammed Mourad, atual vice-presidente da Câmara de Comércio Árabe-Brasileira, por ter me apoiado e aconselhado a iniciar este projeto.

À minha esposa, Danielle Valentini Solimeo, pela paciência de todas as horas e por ter segurado as pontas em casa nos momentos em que precisei focar no livro.

À minha filha Maya, por estar sempre escrevendo e me contagiar com o sonho de ser autor, e ao meu filho Enrique, por me fazer rir ao vê-lo brincando de "escritório", inclusive algumas vezes deletando coisas que já tinha feito...

A Gabriella Maciel e Thaís Perez, por me acompanharem neste projeto com toda a paciência e bom humor, por meio da Central de Escritores.

Ao amigo Noury Dweidary, meu fiel escudeiro e braço direito no escritório em Dubai. E à minha colega Fernanda

Baltazar, pelas nossas longas e esclarecedoras conversas sobre o livro.

Ao Professor Dr. Mohamed Zoghbi, presidente da Federação das Associações Muçulmanas do Brasil, e aos amigos Rubens Hannun e Alessandra Frisso da H2R Pesquisas, empresa que ajudou a radiografar a presença árabe no Brasil e, com dados tão significativos, me inspirou a escrever o livro.

Agradeço também a todos os que tiraram um tempo para escrever um dos depoimentos contidos no livro. A participação de vocês foi de extrema importância para mim; além disso, estiveram junto comigo durante a caminhada de conhecimento sobre o Mundo Árabe.

Por fim, estes agradecimentos são especificamente para aqueles que participaram de modo ativo do projeto deste livro, mas aproveito a oportunidade para agradecer também a todos aqueles que não citei, mas que sabem o quanto me ajudaram e são importantes na minha vida.

Sumário

Prefácio — 13

Apresentação — 17

Introdução: Negócios, pelo pão e pelo sal, nos encontramos unidos! — 21

TRANSFORME SEUS OUVIDOS EM OLHOS — 29

1 | O olhar que aproxima — 31

    Primeiros árabes — 33

    A herança dos mascates — 36

    Os árabes na política — 38

    Culinária árabe no Brasil? — 38

2 | O olhar para as semelhanças — 47

    O café árabe — 49

    Nunca diga "não" — 52

    A herança árabe na língua portuguesa — 53

    A arte da pechincha — 57

3 | O olhar para o respeito — 68

    Cuidado com sapatos e meias — 70

    Código de vestimenta recomendável — 70

    As reuniões podem se alongar: como agir? — 71

    Boas maneiras à mesa árabe — 71

Cumprimente mulheres e homens com respeito —— 72
Assuntos sensíveis para se evitar —— 73
Só elogie se for sincero e, se algo for oferecido, aceite —— 74
Tenha atenção às restrições alimentares —— 75
O comércio *Halal* —— 76

4 | O olhar que desmistifica —— 86

Assalam walaikum! —— 88
Os casamentos no Mundo Árabe —— 89
Mulheres e vestimentas —— 91
Como são as diferenças sociais? —— 95

5 | O olhar para a cultura —— 103

A cultura ao vestir-se para as reuniões —— 104
A cultura antes das reuniões —— 106
A cultura durante as reuniões —— 108
A cultura no fechamento dos negócios —— 112

ARABIZAÇÃO DOS NEGÓCIOS —— 119

6 | Adaptar produtos e serviços para encantar —— 121

Antes de tudo, venha para cá —— 124
"Por que é tão barato? Será que é bom?" —— 125
Vá além do seu gosto pessoal —— 125
Atenção às estratégias de marketing —— 126
"Por que me mandou tão rápido?" —— 127
Encante sem perder a autenticidade —— 128
O papel do *Halal* na arabização —— 129

7 | Tempo e ritmo da negociação —— 136

O árabe quer construir parcerias duradouras —— 138
Conectividade *versus* competitividade —— 138
No mundo árabe, o tempo é relativo —— 140
Os árabes têm hábitos noturnos —— 142
Yallah habibi! —— 142
Diferenças nos dias úteis —— 145
Melhores e piores momentos do ano para negociar — 146
A afetividade que mantém o fogo aceso —— 148

8 | Implementar confiança na negociação pela comunicação —— 153

O árabe precisa ver para crer —— 154
Seja coerente na comunicação e na entrega —— 156
Comunique-se como um amigo —— 157
Meios de comunicação preferidos pelos árabes —— 158
Atente-se à linguagem corporal —— 160
Deixe-o falar! —— 161

9 | Tecnologia e negociações com o mundo árabe —— 168

O mundo árabe digital —— 170
Expansão da tecnologia na pandemia —— 172
O mundo árabe digital nos negócios —— 174
Digitalizar é arabizar! —— 176

10 | Relacionamentos e negociações, duas artes —— 182

Liderança feminina nos negócios —— 183
Parcerias entre mulheres árabes e brasileiras —— 185

Como selar negociações no mundo árabe ———— 186
Encontre um associado ———————————— 188
Por onde começar? ————————————————— 190

Conclusão: No deserto da vida, os sábios viajam de caravana, enquanto os tolos preferem viajar sozinhos ——————————————————— 199

Sobre o autor ————————————————— 207

Prefácio

Rafael Solimeo teve uma ideia brilhante: como negociar com o Mundo Árabe. Em primeiro lugar registro a oportunidade do tema na medida que são muitos os contatos entre o empresariado nacional e os países árabes. Não foram poucas as vezes em que houve encontros formais e informais entre os referidos empresários. O LIDE tem promovido encontros na Arábia Saudita e nos Emirados Árabes de que participei e pude avaliar o extraordinário entrosamento entre os nossos países. De igual maneira na EXPO DUBAI, a Confederação Nacional da Indústria (CNI) realizou conferências entre ambos os setores, tanto no seu início como no seu encerramento. Recordo-me bem desses episódios porque deles participei como conferencista tanto no LIDE como a convite da CNI.

Sou testemunha, por outro lado, do grande interesse que os fundos dos países árabes têm em relação ao Brasil. Eles todos têm os olhos voltados para o nosso país com vistas a grandes empreendimentos e até ansiosos por eles. Basta saber negociar. E daí, reitero, a oportunidade do livro ora por mim prefaciado.

Interessante até os seus capítulos. Começa com o tema "O olhar", na parte I e segue na parte II com o tema "Da arabização dos negócios". Ensina como apresentar os produtos e serviços, qual é o tempo certo para negociação, como revelar confiança nas tratativas, sem esquecer-se da tecnologia digital, ressaltando-a. Com muita graça, cuida de relacionamentos e negociações chamando-os de "duas artes". A graça está em dizer que "o dono de um camelo tem planos e o camelo, outros".

Deve-se acrescentar ainda o elemento histórico das nossas relações com o mundo árabe, já que são milhares de descendentes os que habitam o nosso país. Peço permissão até para relatar uma fala simpática do Presidente do Líbano, a quem visitei como Presidente da República, quando disse: "você é mais Presidente do Líbano do que eu, porque vocês têm 10 milhões de descendentes e nós não temos esse número de habitantes". Conto este fato para dizer que não há no Brasil um descendente dos países árabes que neles não tenha parentes. Basta chegar a um desses países para ser recebido como se fosse da casa. Pois muito bem: o mesmo acontecerá quando empresas brasileiras se instalarem lá ou empreendimentos árabes se instalarem cá. Daí, repito, a importância do trabalho de Rafael Solimeo.

Vale a leitura.

Michel Temer
Presidente da República
do Brasil (2016-2018)

"Considero-me estrangeiro em qualquer país, alheio a qualquer raça. Pois a terra é minha pátria e a humanidade toda é meu povo."

Khalil Gibran

Apresentação

O intercâmbio comercial entre o Brasil e os 22 países membros da Liga dos Estados Árabes é expressivo e de complementaridade estratégica. Em 2023 atingiu o montante de cerca de US$ 30 bilhões de dólares, correspondendo a mais ou menos 5% do comércio exterior do Brasil. É estratégico e importante para as duas partes, pois se compõe de produtos relevantes para as suas economias.

O Brasil exporta sobretudo *commodities* do agronegócio e minério de ferro, e importa hidrocarbonetos e fertilizantes. Assim, as exportações brasileiras são de especial importância para a segurança alimentar dos países árabes, ao passo que as importações de fertilizantes contribuem para a produtividade e a competitividade da produção agrícola brasileira.

Esse cenário de mútuos benefícios favorece o desenvolvimento do comércio e da cooperação econômica entre o nosso país e as nações árabes. Ressalte-se que o Brasil tem obtido considerável superávit nesse intercâmbio.

Rafael Solimeo, neste livro, vai além de identificar aspectos gerais e próprios dessa relação. Ele nos mostra não somente o caminho a ser trilhado, mas também como percorrê-lo da melhor maneira para atingir os objetivos almejados. E o faz de modo muito pessoal, com criatividade e originalidade. A partir de sua vivência como adolescente e jovem quando morou nos Emirados Árabes Unidos e da experiência adquirida como integrante da Câmara de Comércio da Árabe Brasileira (CCAB), Solimeo desenha um rico panorama de como negociar com os árabes, para tornar possível o que pareceria difícil ou impossível, como diz o subtítulo da obra.

Esse panorama inclui informações de primeira mão sobre singularidades e características da cultura negocial dos árabes, que inclui aspectos do relacionamento interpessoal e do chamado olho no olho. É da empatia, da confiança que se estabelece entre quem vende e quem compra que resulta uma negociação bem-sucedida. Nas palavras do autor: "Você não deve querer vender para um árabe, deve querer ser seu parceiro. Se você conseguir, as portas que se abrirão estarão além do que pode imaginar!". Ele também aponta, em uma bela imagem, que "mais do que próxima, a cultura árabe compõe a nossa cultura, em um abraço que já dura muitos séculos".

E ilustra o que diz ao assinalar, por exemplo, que nas duas culturas as boas-vindas aos visitantes são sempre acompanhadas de um cafezinho.

O livro é muito abrangente no que se refere ao que fazer e o que evitar na relação pessoal e de negócios com os árabes. Nesse sentido, torna-se um manual de enorme utilidade para quem quiser se aventurar num mercado com aspectos culturais específicos, e consequentemente mercadológicos, de crescente relevância para o Brasil.

A atuação de Rafael Solimeo como Diretor do Escritório Internacional da CCAB, com sede em Dubai, tem sido fundamental para a inserção produtiva e a projeção eficiente da CCAB no Mundo Árabe. E este livro é uma prova de suas habilidades e competência.

Embaixador Osmar Chohfi

INTRODUÇÃO

Negócios, pelo pão e pelo sal, nos encontramos unidos!

Vejo o Mundo Árabe como um deserto de oportunidades.

Infelizmente, ainda sinto que o Brasil está muito distante do Mundo Árabe quanto aos negócios. O brasileiro não tem ideia das oportunidades que essa região pode proporcionar a ele, em termos de riquezas comerciais e culturais, e, ao mesmo tempo, os árabes conhecem pouco o que o Brasil tem a oferecer nos vários setores do comércio internacional.

A ideia de escrever este livro vem justamente da minha vontade de encurtar esse caminho, de fazer destas letras uma ponte para conectar mais rápido esses dois universos.

Observo muitos brasileiros se acomodando com os caminhos mais óbvios de negócios no exterior, "Ah, eu sonho em vender para os Estados Unidos, para Miami... Quero vender para a Europa". Ao ouvir isso, automaticamente penso: "*Que mesmice!*". Afinal de contas, por que vender para as mesmas regiões e países? Alguns desses cenários o trocam rápido por qualquer outro, possuem uma cultura mais fria, mais pragmática! Já em outros, o mercado está saturado, o mundo inteiro já faz negócios por lá. Enquanto isso, o Mundo Árabe é "virgem", com negócios que ninguém tocou ainda.

Isso significa dizer que o brasileiro está perdendo grandes oportunidades. Nos países árabes, por exemplo, o Brasil é reconhecido como o Celeiro do Mundo, um dos mais importantes produtores e exportadores de alimentos como grãos, frutas e carnes. É quem enche a cesta de alimentos do planeta. Especialmente em terras árabes, majoritariamente áridas, segurança alimentar é um assunto muito importante – onde é custoso produzir comida.

Então, ao escrever este livro, quero dizer principalmente que... meu irmão, minha irmã, brasileiros, acordem! Olhem para cá, não sejam reducionistas ou repetitivos em suas negociações, percebam as oportunidades que os aguardam no Mundo Árabe, uma região próspera e o centro geográfico do planeta! Meu objetivo aqui é abrir os seus olhos para possibilidades antes inconcebíveis, basta que você esteja disposto a ultrapassar algumas fronteiras culturais e verdadeiramente contribuir para a construção dessa ponte entre universos tão diferentes, mas tão parecidos.

Munido de ferramentas e atitudes corretas, o sucesso nas negociações virá.

O árabe não é ingênuo, ele faz comércio há muito mais tempo do que se imagina, não é só uma questão de decidir exportar e passar pelas fronteiras. Se você chegar sem estar preparado, terá investido seu tempo à toa; por isso, não desperdice as preciosas informações deste livro, leia e absorva tudo antes de negociar!

Contudo, você talvez esteja se perguntando quem sou eu para falar com tanta propriedade sobre os negócios com os árabes. Bem, meu nome é Rafael Solimeo, migrei do Brasil para o Mundo Árabe no fim da década de 1980 e fui praticamente criado aqui. Vou contar um pouco da minha história.

Nasci em São Paulo, no Hospital Albert Einstein. Meus pais eram muito jovens, e a união não durou muito. Ambos eram filhos de oficiais da Polícia Militar do Estado de São Paulo.

Quando eu era muito pequeno, minha mãe trabalhava como comissária de bordo e, em um voo, um passageiro britânico se apaixonou por ela. "Moça, você é linda". Ela agradeceu. "Você quer se casar comigo?", ele perguntou. Ela respondeu que, se o visse de novo, casaria.

Tempos depois se reencontraram em outro voo. Dada a coincidência da ocasião, mamãe aceitou que começassem a namorar e, depois de um tempo, se casaram. Meu padrasto trabalhava no setor petrolífero, o que nos levou a morar na Bahia. Eu tinha por volta de cinco anos de idade quando a empresa o transferiu para a Inglaterra e, finalmente, para Dubai. É a partir de então que a minha história passa a se entrelaçar irremediavelmente com o Mundo Árabe.

A federação de Emirados que constitui os Emirados Árabes Unidos foi criada em 1971, na ocasião do encerramento do domínio inglês sobre a região do Golfo Árabe, que durou 150 anos. Os Emirados são territórios árabes administrados por um Emir, e sete deles se uniram por meio da federação para enfrentar os novos desafios políticos e econômicos que se avizinhavam: Dubai, Abu Dhabi, Ajman, Sharjah, Fujairah, Umm Al-Qaiwain e Ras Al-Khaimah.

Em 1980, depois da descoberta de grandes reservatórios do combustível fóssil na região marítima dos Emirados, Dubai vivia o boom do petróleo. Antes, sua principal fonte de renda provinha da pesca de pérolas, que já estava em franco declínio devido à entrada das pérolas artificiais no mercado, por meio da produção japonesa. No entanto, historicamente, a região sempre foi um centro de comércio pela sua localização estratégica. Um berço milenar de negócios que se expandiu de maneira extraordinariamente rápida. Posso dizer que acompanhei de perto todo esse processo de crescimento.

Morei em Dubai até concluir o ensino médio e então decidi me mudar para o Brasil. Na época, meu maior sonho era viver no meu país de origem para ter a oportunidade de conhecê-lo de verdade. Mesmo tão integrado à cultura árabe, sempre me vi como brasileiro, sempre amei meu país. No Brasil, comecei a trabalhar com relações internacionais e comércio exterior, representando multinacionais.

Há onze anos, o destino me fez entrar para a Câmara de Comércio Árabe-Brasileira. Desde a década de 1950, o órgão atuava no Brasil conectando brasileiros e árabes, com o objetivo de promover desenvolvimento socioeconômico e cultural. Com oito anos de casa, percebi que faltava algo importante para solidificar esse relacionamento: "Por que a gente não monta um escritório em terras árabes?", questionei. Fiz o projeto, mostrei para a diretoria e falei: "Nós pregamos que para negociar com os árabes precisamos estar com eles. Como podemos estar longe? Vamos montar lá o nosso escritório, fazer o nosso trabalho de encurtar as distâncias entre o Brasil e o Mundo Árabe".

Levou mais dois anos para que eu desembarcasse nos Emirados com minha família. Quando cheguei aqui, percebi as mudanças ocorridas, o lugar que eu havia deixado já era outro. Primeiro senti a nostalgia, depois enxerguei as oportunidades. Havia saído daqui um adolescente e voltei um adulto experiente, com uma visão reformada e enxergando um mundo novo de possibilidades.

Eu me lembro bem de pensar "o quanto isso aqui cresceu, o quanto eu posso prosperar, porque tudo aqui prospera!".

Comecei a trabalhar no escritório em Dubai, muito satisfeito e querendo ajudar o máximo de pessoas. Hoje já conheço bem as dores dos brasileiros e dos árabes, uma vez que viajo frequentemente para os países vizinhos e venho construindo muita experiência na área. Posso dizer que sou, no Mundo Árabe, uma referência, no que diz respeito aos negócios com o Brasil.

Conheço a mentalidade deles desde antes de serem conhecidos como *sheiks* do petróleo no Golfo, ou como os experientes negociadores de tapetes em outras regiões. Por exemplo, hoje, no Golfo, temos Dubai, que é lembrado como um lugar onde quase todo mundo tem Ferrari, Lamborghini, esse tipo de luxo. Porém, quando eu vim morar aqui, muitos deles ainda andavam de camelo. E não, não estou exagerando. A minha mãe pedia para eu colocar o lixo de casa para fora e, assim que eu abria o portão, aparecia algum camelo mexendo no lixo. "Ô, sai daí", eu precisava mandá-los embora. Hoje isso não existe mais, você precisa ir para o meio do deserto para ver algum camelo. É muito mais fácil ver Lamborghinis, Ferraris, Jetskis, o maior prédio do mundo, o maior hotel do mundo etc.

Tive a experiência de viver em Dubai quando ainda era um deserto desconhecido. Nos dias de hoje, sabemos que o Emirado de Dubai é o lugar mais quente do mundo, mas não apenas pelo clima. É um *hotspot*. Todo mundo quer estar aqui e se conectar com Dubai de alguma forma. Portanto, não sou uma pessoa deslumbrada pelos Emirados Árabes, vi tudo do começo e sei exatamente como os negócios e a cultura funcionam.

A maioria das pessoas que mora nos Emirados Árabes atualmente é estrangeira; sendo mais específico, 90% da população daqui não é natural dos Emirados. O desenvolvimento econômico extraordinário da região atraiu e continua atraindo muitos imigrantes, principalmente do Mundo Árabe, como egípcios, marroquinos e argelinos. Fui criado com essas pessoas, estudei com elas; lembro-me de um emirático[1] amigo meu que foi para Harvard, voltou e se tornou ministro do país. Eu vi toda essa grandiosidade crescendo e se estabelecendo; e, hoje, por meio deste livro, busco despertar em você a vontade de

---

1   Pessoa natural dos Emirados.

se relacionar com essa potência cultural e de negócios que é o Mundo Árabe.

A região é composta de 22 países que se unem pela língua árabe. A história deles é marcada pela união e pela confiança que têm uns pelos outros. Se o Brasil quiser fazer parte dessa união como um parceiro, precisa mostrar presença e aprender sobre livros, costumes e mandamentos que regem a cultura árabe. A partir do momento em que o brasileiro compreender que a união profunda é o fundamento dos negócios aqui, ele prosperará ao lado dos árabes.

Estamos no meio do deserto e temos extensos jardins, as maiores construções do mundo e ilhas magníficas. Se eles conseguem, nós, brasileiros, conseguimos também. Juntos.

Para negociar com o Mundo Árabe e ser considerado um sólido parceiro, é preciso perseverança.

O árabe não vai negociar com você logo de cara, não acontecerá rapidamente algo do tipo "Está ótimo! Onde eu assino?". Para chegar a esse ponto, você precisará de perseverança e empatia a fim de se conectar bem com eles, pois, uma vez conquistados, se tornarão parceiros duradouros, jamais te trocarão com facilidade por outro negociante.

É engraçado que, mesmo sendo brasileiro de nascença, ouço todos me dizendo que tenho cara de árabe; e fui me assemelhando ainda mais com eles ao perceber que, para uma boa negociação, você precisa ser um deles, abraçar a cultura. Por isso, em matéria de negócios, no Mundo Árabe, pelo pão e pelo sal, nos encontramos unidos! Eu sei bem como fazer isso, e é exatamente o que conto neste livro, quando lhe convido a aprender a negociar de maneira segura e impactante.

Este livro foi feito de modo a ser lido como você preferir, da capa ao verso, ou como manual de consulta, que você pode pular direto para o capítulo em que tem interesse e rapidamente sanar suas dúvidas acerca do tema que for! É um livro dinâmico e prático, assim como tento constantemente ser no meu dia a dia profissional. Então, use da forma que achar que melhor, atente às suas necessidades e não perca a oportunidade incrível de conhecer esse mundo tão magnífico.

E aí? Está disposto a fazer essa travessia e desbravar comigo esse deserto de oportunidades onde o impossível é possível?

Rafael Solimeo

TRANSFORME SEUS OUVIDOS EM OLHOS

CAPÍTULO 1

O OLHAR QUE APROXIMA

O camelo nunca vê a sua própria corcunda, mas a do seu irmão está sempre em frente à sua vista.

◇◇◇◇◇◇◇◇◇◇◇◇

"O Brasil é mais que bonito! Não tenho palavras suficientes para descrever o quanto é de tirar o fôlego! O exotismo em sua natureza é celestial. Além da natureza, as ruas do Brasil são cheias de vida e alegria pura. O Brasil é sobre beleza natural e a humildade de seu povo."

Por Hamood Alhooti, de Mascate, em Omã

Entre voltas e reviravoltas econômicas e políticas, o povo árabe resiste às condições mais desafiadoras e nelas encontra força para prosperar. A cultura rica e milenar deve ser para nós fonte de imensa inspiração! Ela está entre nós, compondo de maneira importantíssima a identidade brasileira. Estamos conectados, somos irmãos; deixe-se guiar pela corcunda experiente do amigo árabe à sua frente, ele te levará a lugares extraordinários se vocês construírem empatia e confiança.

Depois que você entender a grandeza da cultura árabe, duvido que ainda vá querer passar suas próximas férias em outro lugar.

"Somos tributários da cultura árabe desde o início da colonização", diz o sociólogo Oswaldo Truzzi. Ele se refere aos aspectos culturais árabes herdados de quase oito séculos de dominação árabe na Península Ibérica, e que chegaram aqui por meio dos colonizadores portugueses. Porém, uma influência mais direta teve início com a chegada dos imigrantes árabes ao Brasil[2].

Quero que você descubra comigo uma nova forma de olhar para o Mundo Árabe. Deixemos de lado, por um momento, as ideias exóticas de terras distantes, o meu objetivo neste capítulo é te apresentar alguns aspectos do Mundo Árabe na

---

2   MARIUZZO, Patrícia. Riqueza cultural e capacidade de adaptação são suas marcas. *Cienc. Cult.*, São Paulo, v. 63, n. 3, p. 58-59, julho de 2011. Disponível em: http://cienciaecultura.bvs.br/scielo.php?script=sci_arttext&pid=S0009-67252011000300022. Acessado em: 13 abr. 2024.

formação da nossa sociedade e buscar as nossas proximidades. E que maneira melhor de aproximar as culturas do que olhar para aqueles árabes que fizeram e continuam fazendo história no Brasil?

> **Seja no comércio, na indústria, na alimentação ou na política, os árabes estão muito mais próximos de nós do que imaginamos.**

PRIMEIROS ÁRABES

A imigração árabe no Brasil data desde o fim do século XIX. Vindos de países como Líbano, Síria, Iraque, Egito e Palestina, eles se uniam no Brasil por meio da língua ou dos dialetos derivados do árabe[3]. Não foi um movimento mais localmente homogêneo, como ocorreu na imigração portuguesa ou italiana, mas construído por povos de diferentes organizações políticas, tendo em comum a língua e suas práticas culturais.

Fazendo pesquisas[4], descobri que, dentre eles, os que vieram em maior número foram os sírios e os libaneses. Alguns fatores contribuíram para a migração desses povos, como divergências religiosas e uma estrutura agrária deficitária, que se baseava em pequenos lotes e não supria mais

---

3 IBGE. *Brasil, 500 anos de povoamento*. Rio de Janeiro, 2007.
4 TRUZZI, Oswaldo. *De mascates a doutores*: sírios e libaneses em São Paulo. São Paulo: Sumaré, 1992.

o sustento das famílias que cresciam. Outras pesquisas mostram que os impactos da Primeira Guerra Mundial, da crise da indústria da seda no Líbano e do imperialismo europeu também foram fortes[5]. Faltavam trabalho e terra, sobravam gente e guerra.

Estudos mostram ainda que a estimativa é de que, entre 1880 e 1969, 140 mil árabes, principalmente sírio-libaneses, desembarcaram em terras brasileiras buscando uma vida melhor[6]. E com a força do trabalho, da inteligência e da união, eles conseguiram.

Em 2021, a Câmara de Comércio Árabe-Brasileira divulgou uma pesquisa que mensurava a existência de 11,6 milhões de árabes e seus descendentes no Brasil, 10% de imigrantes e 41% netos de imigrantes[7]. "Esses são os números da maior diáspora que já se viu no Mundo Árabe", diz o autor Diogo Bercito em seu livro *Imigração sírio-libanesa no Brasil e seu caminho até a política*, que inclui a maior comunidade de nascidos e descendentes libaneses fora do Oriente Médio.

A imigração árabe no Brasil teve seus momentos de maior fluxo, mas a realidade é que nunca teve fim; pelo

---

5 MARIUZZO, Patrícia. Riqueza cultural e capacidade de adaptação são suas marcas. *Cienc. Cult.*, São Paulo, v. 63, n. 3, p. 58-59, julho de 2011. Disponível em: http://cienciaecultura.bvs.br/scielo.php?script=sci_arttext&pid=S0009-67252011000300022. Acessado em: 13 abr. 2024.

6 ALVIM, Mariana. Temer, Haddad, Maluf: como descendentes de libaneses chegaram aos mais altos postos da política brasileira. In: *BBC News Brasil*, 8 ago. 2021. Disponível em: https://www.bbc.com/portuguese/geral-58109537. Acessado em: 14 abr. 2024.

7 CARRIERI, Marcos. Fluxo de imigrantes árabes ao Brasil é constante. In: *Agência de Notícias Brasil-Árabe*, 25 mar. 2021. Disponível em: https://anba.com.br/fluxo-de-imigrantes-arabes-ao-brasil-e-constante/. Acessado em: 14 abr. 2024.

contrário, é cíclica: depende das condições políticas e econômicas regionais.

Em uma entrevista à Agência de Notícias Brasil-Árabe, o professor de história da Universidade Federal do Rio de Janeiro, Murilo Meihy, diz que o Brasil se tornou um destino sólido "porque aqui já há uma rede integrada que mantém esse fluxo ativo".

Os imigrantes árabes nunca tiveram apoio do governo para se estabelecer no país, diferentemente de outros grupos étnicos de imigrantes que começaram a vir na mesma época. Não tiveram suporte para conseguir abrigo e oportunidades. Entretanto, isso também fez eles se espalharem pelo território com mais liberdade, trazendo e desenvolvendo aqui seus negócios. Nunca tiveram o perfil de aventureiros isolados, o objetivo era quase sempre a acumulação de capital com a intenção de voltar com a família para o vilarejo de origem. Eles não previram que se encantariam pelas terras brasileiras, tanto pelas oportunidades quanto pelas belezas.

Eles se concentraram principalmente no Rio de Janeiro e em São Paulo e expandiram nessas regiões o seu talento para as atividades de comércio. E quando falamos de São Paulo e comércio, qual é provavelmente uma das primeiras coisas que vêm à cabeça? Provavelmente você pensou na rua 25 de Março.

Mas isso não é por acaso. A rua 25 de Março é fruto da ocupação árabe e do êxito que alcançaram. Por essa mesma razão, em 2008, o dia 25 de março foi simbolicamente escolhido para ser o Dia Nacional da Comunidade Árabe no Brasil.

Outros lugares da cidade também foram fortemente ocupados por árabes, como a região do Ipiranga, da avenida Paulista e da Vila Mariana. No Rio de Janeiro, o comércio árabe se instalou na rua da Alfândega, área que viria a ser conhecida por Saara. Curiosamente, o nome não foi uma homenagem direta ao deserto, mas originário da Sociedade de Amigos das Adjacências da Rua da Alfândega (SAARA), segundo diz o IBGE. Ninguém pode dizer que não caiu como uma luva!

> **Os árabes revolucionaram o comércio popular no Brasil a partir da arte da mascateação e do comércio varejista.**

Até se diz que os árabes criaram o comércio popular no Brasil.

Uma vez que os portugueses eram muito rígidos nos negócios, e aos italianos faltava inovação, os árabes acabaram dominando esse território. Suas principais estratégias eram a alta rotatividade e a quantidade de mercadorias, liquidação e uma percepção genial das necessidades do consumidor. Eles trouxeram para cá esses costumes em relação aos negócios e ao dinheiro, hoje incorporados em nossas práticas.

A HERANÇA DOS MASCATES

Os mascates eram os vendedores que andavam por ruas, bairros, cidades e interiores oferecendo diversos tipos de produtos. A princípio, miudezas e bijuterias, e, conforme acumulavam capital, buscavam agregar produtos mais sofisticados como tecidos, armarinhos, lençóis, roupas prontas, artigos que pudessem ser transportados em malas ou baús.

A mascateação já existia no Brasil, mas foi elevada a outro nível com o trabalho dos árabes. O próximo passo nessa linha do tempo de sucesso era contratar um ajudante ou uma carroça; depois, levantar um estabelecimento comercial urbano para vender no varejo e, quem sabe, também no atacado. Terminando, se tudo corresse bem, por adentrar na produção industrial. Essa foi a trajetória de famílias árabes e de descendência árabe como as dos políticos Fernando Haddad e Paulo Maluf. Porém, nada disso seria possível, como observa o sociólogo Oswaldo Truzzi em seus estudos, se não fossem as fortes redes de relacionamento entre os árabes. Os elos eram fortalecidos desde a recepção do novo imigrante, concedendo a ele crédito e mercadorias, acompanhando seus negócios até que se estabelecesse como varejista ou industrial.

Como disse e preciso reforçar sempre ao longo deste livro, a força dos negócios com o Mundo Árabe está na união, na parceria. A prosperidade dos árabes no Brasil é uma prova desse princípio bem pertinho da gente.

> **Você não deve querer vender para um árabe, deve querer ser seu parceiro. Se você conseguir, as portas que se abrirão estarão além do que pode imaginar.**

OS ÁRABES NA POLÍTICA

Mas e quanto aos políticos? É excepcional a participação dos descendentes árabes na política brasileira, nos variados espectros: Emílio Carlos, Ibrahim Abi-Ackel, Jandira Feghali, Guilherme Boulos, Paulo Maluf, Gilberto Kassab, Michel Temer, dentre outros. Considerando o percentual de sírio-libaneses no Brasil, pequeno se comparado a outros imigrantes, a quantidade de políticos é impressionante, desdobramento de um investimento alto da comunidade nessa área.

Outro setor extremamente valorizado pela comunidade árabe é a educação, desde o fim do século XIX, instituições de ensino já eram fundadas pelos sírio-libaneses mais abastados. A maioria das famílias árabes, no entanto, possuía poucos recursos inicialmente, e, mesmo assim, sua prioridade era inserir seus filhos na educação básica de qualidade e depois na educação superior, em cursos de prestígio como direito, medicina e engenharia.

Intelectuais de origem árabe também estão por toda a parte: figuras de destaque como Arnaldo Jabour, Marilena Chaui, Antonio Houaiss e Aziz Simão. A partir dessa maciça presença de descendentes árabes na política, na economia e na educação, os valores da sua cultura ancestral se misturam até se fundir com os nossos, forjando um Brasil irremediavelmente arabizado.

CULINÁRIA ÁRABE NO BRASIL?

Não poderíamos terminar este capítulo sem falar da influência da comida árabe trazida pelos imigrantes. Esfirra, quibe, tabule, coalhada seca, homus, kafta... um desfile de delícias às quais temos o privilégio de ter, hoje, fácil acesso.

> **É do Brasil a maior rede de fast-food de comida árabe do mundo. E é claro que você sabe qual é. O Habib's.**

Apenas em 2019, 700 milhões de unidades de esfirras foram vendidas no Brasil, quase três por habitante. De quibes fritos, foram 30 milhões. Alberto Saraiva, o seu fundador, não é árabe nem tem relação de parentesco com o Mundo Árabe. Então, de onde veio essa ideia tão bem executada?

Em entrevista ao programa Conta Corrente, da GloboNews, Alberto Saraiva conta a história de como democratizou o acesso à comida árabe no país. Português de nascimento e brasileiro de criação, filho de um padeiro que foi tragicamente assassinado em um assalto, Alberto, a muito custo, deu continuidade à pequena padaria após a morte do pai. Ao vender pão 30% mais barato que seus concorrentes, atraiu muitos clientes e padeiros de rua, passando a fazer da velha padaria um sucesso. Diversificou os negócios em outros ramos alimentícios como o de pizzarias e pastelarias, até que um dia topou em uma oportunidade e soube aproveitá-la ao máximo. Essa oportunidade chegou a ele personificada em um homem árabe.

Certo dia, um senhor de setenta e tantos anos apareceu na pastelaria de Alberto Saraiva pedindo um emprego. Esse senhor era Paulo Abud, um descendente árabe que havia trabalhado quarenta anos na rua 25 de Março cozinhando todo tipo de comida árabe. Alberto fez dele cozinheiro e observou o quanto alguns desses produtos, como o quibe e a esfirra, tinham grande aceitação do público.

Apostando no preço acessível sem perder a qualidade, a demanda foi crescendo e ele decidiu montar um restaurante especializado apenas em comida árabe. Para escolher o nome, recorreu a outro amigo de descendência árabe, Nelson Ligos, que imediatamente lhe sugeriu o nome Habib's, que significa "muito amado", "querido", "amigo". O primeiro restaurante foi aberto em 1988; e até 2022 já contava com mais de 420 unidades e 22 mil funcionários.

Alberto Saraiva aprendeu a fazer comércio como um árabe. Farejando oportunidades, firmando parcerias, trabalhando duro, tendo empatia e visão. E eu lhe digo: a empatia, especialmente no Mundo Árabe, pode te levar a muitas riquezas, e não apenas materiais.

A sensação pode ser de que estou tentando te vender algum tipo de mágica financeira, mas se trata da mais cristalina verdade. O povo árabe tem uma mente muito à frente em vários aspectos, é impressionante!

Não se deixe enganar por preconceitos e abrace as possibilidades, aproxime o olhar e perceba o seu irmão. Garanto que encontrará inestimáveis tesouros.

QUEBRANDO MINHAS FRONTEIRAS

O ano era 2015, eu estava trabalhando na Câmara de Comércio Árabe-Brasileira e fui incumbido da missão de trazer um *sheik* árabe ao Brasil para palestrar em um evento de franquias e comércio na Expo São Paulo.

Após muitos estudos, entendemos que os Emirados Árabes são a Meca dos shoppings centers. Os melhores e maiores shoppings do mundo ficam aqui. Temos o Dubai Mall, o maior shopping do mundo, com o maior aquário dentro de um shopping center. Há o Mall of the Emirates, também entre os maiores, que tem como atração uma pista de ski. Um shopping muito especial é o Yas Mall, em Abu Dhabi. Mais que um shopping, o Yas Mall é uma ilha de entretenimento, englobando um parque da Ferrari, da Warner Brothers e um complexo da Sea World. Buscávamos esse *sheik,* chamado Saoud Khoory, grande executivo do grupo Aldar Properties, responsável pela administração de toda a ilha de Yas. Queríamos que palestrasse sobre como essas grandes atrações têm potencial de atrair muitos clientes para o estabelecimento.

Comprei uma passagem de São Paulo para os Emirados, como frequentemente fazia. Você vai perceber, ao longo do livro, que para fazer negócios com um árabe, tentar convencê-lo de algo ou apenas fazer um convite, você precisará estar presente. É muito importante a presença, o *tête-à-tête.*

Como eu já sabia disso, peguei minha malinha e fui a Abu Dhabi, ao encontro de Saoud Khoory, um emirático de uma família tradicional.

Passei de duas a três semanas apenas tentando agendar essa reunião, ligando diariamente até conseguir um horário. Quando finalmente consegui, fui encontrá-lo na sede do grupo, um lindo prédio no formato de uma moeda, um espetáculo.

Falei meu nome na recepção, mas não constava nada. Tentando driblar a situação, enfatizei que era da Câmara de Comércio Árabe-Brasileira e que vinha de muito longe, eles precisavam me receber. Fui direcionado para uma recepção no nono andar, onde questionei outra secretária sobre a reunião. Ela disse que Saoud Khoory não estava presente. Respondi: "Desculpa, querida, mas não é possível; eu marquei uma reunião com ele hoje, e já são 9h30, a reunião era às 9h. Cadê esse homem?". "Olha, senhor", ela respondeu, "ele não está aqui hoje; não posso te ajudar. Volte outro dia". Avisei que não poderia voltar outro dia e mostrei o e-mail de confirmação da reunião em formato impresso, prevendo que algo assim não poderia acontecer. Por volta das 10h, depois de muito insistir, ela me autorizou a subir para a sala da diretoria, no último andar. O *board of directors room* tinha uma mesa muito comprida, fui alocado na pontinha dela e orientado a esperar.

Me sentei lá, e nada desse homem.

Em dado momento, um rapaz indiano apareceu, vestido como barman, perguntando o que eu queria beber: "Não quero nada demais, amigo. Me traz uma água, por favor. Só quero falar com esse homem e ir embora". O tempo passava,

passava, até que as portas se abriram e ele entrou. Todo emirático, vestido com a roupa típica, o candura, de traje completo, tudo branco da cabeça aos pés, com aquele ar de realeza. Vale lembrar que existem pouquíssimos emiráticos nos Emirados, e quase todos estão em cargos de poder.

Majestoso, ele se sentou na outra ponta da mesa, olhou para mim um tanto nervoso e falou: "Não estou sabendo dessa reunião; não fui comunicado. Quero saber como você foi parar na minha agenda". Ele não entendia a falha da secretária dele em me levar para a sala de reuniões. Garanti que havia agendado, mas, de qualquer forma, seria breve: "Vim apenas convidá-lo para ir ao Brasil. Teremos um evento muito importante no país e é fundamental que a gente fale dos Emirados Árabes...". Ele não me deixou terminar a frase, "O quê? Brasil? Eu amo o Brasil!". A partir daí, o tom dele suavizou.

Logo em seguida, lembrou-se de um amigo brasileiro com quem estudou na infância: "Espera aí, qual é o seu nome?", me perguntou. "Rafael Solimeo", respondi. Foi o que bastou para que ele abrisse um grande sorriso, atravessasse a sala e me desse um abraço muito apertado. "Rafael, Rafael, meu amigo, você se lembra de mim? Saoud Khoory, o Saoud!"

Não me lembrei imediatamente. Quando o conheci, ele era muito diferente, magrinho, com óculos enormes. Hoje, um lorde atrás daquelas roupas, daquela mesa, daquele prédio. Porém, com um pouco de conversa, a memória retornou. Foi uma alegria imensa, nos abraçamos novamente e tive mais uma surpresa: "Rafael, você perdeu um caderno na escola quando estudávamos juntos. Como não nos vimos mais, guardei a vida inteira, sonhando com o dia de te entregar", me disse o emirático. E o mais incrível, um ano depois, Saoud foi ao Brasil participar do evento e me trouxe a relíquia. Ele realmente guardou o caderno com o meu nome por mais de vinte anos. "Guardei, porque achei que era muito importante pra você."

Fiquei muito feliz depois do nosso primeiro encontro, e esse dia acabou em um maravilhoso tour pelas atrações do shopping. Depois tomamos um café, e ele fez questão de me levar pessoalmente até o hotel em que eu me hospedara, em Dubai. Foi um dia incrível que me provou a importância de estar presente.

Estar presente mostra segurança e é crucial para ganhar a confiança das pessoas no Mundo Árabe. Se eu não tivesse viajado para convidá-lo, não teria sido possível levá-lo ao Brasil e muito menos teríamos o relacionamento de amizade que temos hoje. Vira e mexe ele me chama para assistir às suas partidas de polo, para as viagens que faz, para juntarmos nossas famílias.

Em 2018 realizamos um festival brasileiro no shopping, e ele não cobrou nada. Chamei a escola de samba Unidos de Vila Maria, de São Paulo; o Mauro Sousa, com a Turma da Mônica; e o skatista Bob Burnquist. Todos esses frutos preciosos só amadureceram porque, com os meus conhecimentos do Mundo Árabe, pude tomar as melhores decisões.

Na vida, dizem que precisamos plantar uma árvore, ter filhos e escrever um livro. Aqui estão meus filhos, no deserto, ao lado da árvore que simboliza nossa jornada, celebrando a realização do meu propósito de vida.

ALARGA TUA TENDA

"O Rafael é meu amigo especial da Câmara Árabe-Brasileira, em Dubai. Ele virou meu anjo da guarda no Emirates. É um prazer fazer negócios com ele, sou grato a ele por tudo. Em todo o processo que passamos juntos, ganhei mais um irmão. Deus é tão bom que só coloca pessoas boas assim na minha vida. O Rafael me ajudou muito com os negócios que tenho feito no Mundo Árabe. Estamos trabalhando bastante para elevar o nome do Brasil para o mundo inteiro e trazer grandes oportunidades de trabalho. Não só para brasileiros, como pessoas de outras nações que também serão impactadas. Estamos fazendo um trabalho muito bacana."

Anderson Silva,
lutador brasileiro de artes marciais mistas (MMA) e ex-campeão peso médio do UFC.

CAPÍTULO 2

O OLHAR PARA AS SEMELHANÇAS

Apesar de cada trilho ser diferente,
existe apenas um caminho.

◇◇◇◇◇◇◇◇◇◇◇◇

"Eu soube por meio de um amigo brasileiro que os brasileiros ainda preservam antigos costumes e tradições em termos de manter a união familiar, seja em famílias grandes ou pequenas, assim como os árabes. Na verdade, a família é de extrema importância no Brasil, a ponto de filhos adultos não saírem da casa dos pais até se casarem. Além disso, podemos considerar a falta de pontualidade como semelhante aos árabes. Então, se você planeja algo com um brasileiro, espere que ele não chegue na hora certa. Mas não se preocupe com isso, não é porque eles não se importam, mas sim porque estão tão confortáveis que não percebem o tempo passar."

Por Mariam, de Rabat, no Morrocos

Depois de termos conhecido, no capítulo anterior, um pouco mais sobre as influências diretas da imigração árabe no Brasil, observadas principalmente na culinária, nos negócios e na política, agora busco aprofundar com você as nossas semelhanças, e o quanto, como brasileiros, devemos práticas culturais muito importantes aos árabes. Vou mostrar como somos muito mais semelhantes do que você jamais pensaria!

Os trilhos do destino levaram brasileiros e árabes para lugares muito distantes geograficamente, mas o nosso caminho parte de um ponto em comum. Como irmãos que se separam e saem a explorar o mundo, constituindo novas famílias, ligações e histórias.

Mais do que apenas próxima, a cultura árabe compõe a nossa própria cultura, em um abraço que já dura muitos séculos.

Compartilho com você o meu olhar para o Mundo Árabe, repleto do respeito, do carinho e da admiração devidos a um parente mais velho, cujas lições foram e continuam sendo essenciais para a minha formação como ser humano. Se você deseja construir parcerias com pessoas árabes, é preciso que reconheça em si valores e práticas que compartilhamos.

Antes de qualquer coisa, aceita um cafezinho?

O CAFÉ ÁRABE

Se existe algo mais brasileiro do que partilhar daquele café quentinho com as visitas, os amigos, os parentes, os parceiros de negócios, eu desconheço. Hoje em dia, não saberia dizer se esse hábito é mais árabe ou brasileiro. Mas, de uma coisa eu sei: ele surgiu no Mundo Árabe.

O termo "café" tem origem na palavra árabe *qahwa*. Até o século XVII, os árabes, particularmente da região do Iêmen, monopolizavam o cultivo e a manipulação do café e guardavam com o maior sigilo os segredos do grão. O conhecimento dessa bebida que elevava o ânimo, ajudava a digestão e espantava o sono se espalhou rapidamente pelo Mundo Árabe e chegou à Europa Ocidental por meio dos holandeses. Era conhecido como "o vinho da Arábia"[8].

No século XVIII, o fruto já estava sendo produzido no Brasil, país com regiões de clima muito favorável para o cultivo. Tornou-se o principal produto de exportação brasileiro no século XIX e começo do XX, influenciando bastante os rumos da política e da cultura brasileiras.

Atualmente, o Brasil é o maior produtor e exportador e o segundo maior consumidor de café do mundo. A espécie que mais exportamos e produzimos se chama *café arábica*. Algo tão importante tanto na nossa economia quanto na nossa cultura tem, veja só, explícita origem árabe! E não é apenas

---

8 FERRAZ, A. *Cultura do café*. Instituto Formação, v. 2, 2013. Ver também: REZENDE DE MELO, J.; FERNANDES MURI DA SILVA, N.; MARIA DE SIQUEIRA NUNES, N. Café: origem e contribuição para a economia do Brasil. *Múltiplos Acessos*, v. 3, n. 1, 25 jun. 2018.

sobre a origem do tipo de grão, mas também as tradições e os significados que associamos ao consumo da bebida.

Assim como no Brasil, quando você chega à casa de alguma família ou algum estabelecimento árabe e é recebido com café, trata-se de um sinal de que você é bem-vindo nesse lugar. Afinal de contas, quem passa um cafezinho para alguém que deseja mandar embora? Herdamos deles a relação entre hospitalidade e café, tão característica do cotidiano brasileiro, de norte a sul.

> **"Quando as portas de um lar árabe estiverem abertas, um café será servido como gesto de generosidade aos visitantes."**[9]

Em 2015, a Organização das Nações Unidas para a Educação, a Ciência e a Cultura (Unesco) reconheceu o café árabe como patrimônio imaterial da humanidade. A resolução veio como consequência de um dossiê elaborado pelos Emirados Árabes, Qatar, Arábia Saudita e Omã, chamado "Café árabe: um símbolo de generosidade"[10]. No dossiê, foi feito um inventário de práticas árabes associadas a todo o preparo do café, desde a sua torra até a infusão, além das tradições de consumo.

---

9 UNITED NATIONS Educational, Scientific and Cultural Organization. Intangible Cultural Heritage Inventory – United Arab Emirates. Paris: Unesco, 2015. Disponível em: https://ich.unesco.org/en/state/united-arab-emirates-AE?info=elements-on-the-lists. Acessado em: 14 abr. 2024.
10 CARMO, B. B. do. Memórias do café árabe. *Faces da História*, v. 6, n. 2, p. 157-180, 16 dez. 2019.

Por mais que muito tenha mudado nas seculares práticas árabes ligadas ao café, principalmente quanto à simplificação do preparo, tradições ainda persistem. Por exemplo, a presença ritualística da bebida nos mais importantes ritos de passagem, como casamentos, funerais e nascimentos, ainda é indispensável[11].

A diferença do café árabe para o brasileiro é que, no Brasil, o café costuma ser coado ou expresso, servido em uma xícara pequena. No Mundo Árabe, geralmente se consome um *blend* torrado, chamado de café árabe. Ele é bem leve, fino e clarinho, misturado com um pouco de cardamomo e açafrão.

No Brasil, é provável que o café seja servido com um pão de queijo, um pedaço de bolo ou um biscoitinho.

No Mundo Árabe, todo café é servido com tâmara – que é o que adoça a experiência, já que não se usa açúcar. Primeiro você degusta a tâmara e, com a boca adocicada, bebe o café.

Importante! Se alguém te servir um cafezinho no Mundo Árabe, você deve segurá-lo sempre com a mão direita. Primeiro, uma mordida na tâmara, depois, um gole do café erguido com a mão correta. "Mas, por que, Rafael?", você pode estar se perguntando... porque a mão direita é, culturalmente, a mão "correta", a mão com que se pega os alimentos, com a qual você cumprimenta as pessoas etc.

---

11   Idem, ibidem.

NUNCA DIGA "NÃO"

Outra prática comum é servir o convidado mais velho primeiro, preenchendo um quarto do copo, que pode ser reposto depois. Se você não balançar a xícara silenciosamente, para cima e para baixo, dando o sinal de que "não quer mais", seu copo será preenchido eternamente! Sobre isso, tenho uma historinha interessante.

Certa vez, fui acompanhar um ministro do Estado brasileiro em uma reunião importante. Estávamos no *Mágiles*, que é como chamamos as salas de reuniões aqui. Nessas salas não há mesa e cadeiras como no Brasil, mas sofás que são dispostos em formato de "U". Rapidamente, antes da reunião, alertei-o para que não pegasse o copo com a mão esquerda ou respondesse "não" para algo que lhe fosse oferecido, pois isso é visto como uma grande ofensa.

Logo, o *Muqahwi*[12] veio com o *dallah*[13] e começou a servir café, e ele fez corretamente, pegando com a mão direita. Eu acabei me sentando longe, enquanto ele ficou ao lado da autoridade emirática. Outra autoridade que estava sentada próxima a ele perguntou: "Está gostando do café?", ao que ele respondeu: "Está uma delícia", e terminou de uma vez só. Em seguida, ele foi servido de mais café... o que aconteceu várias vezes até que não aguentasse mais e dissesse: "Não, não quero mais". O ministro bebeu café a reunião inteira! A

---

12 Nome em árabe da profissão responsável por servir o café, como um copeiro.
13 Nome típico para representar o bule do café.

negação foi rude, mas nesse momento percebi a minha falha: eu havia esquecido de dizer a ele como fazer o sinal para que parassem de servir!

E o segredo que o ministro não soube a tempo – mas você sabe – é: segurar a xícara com o indicador e o polegar e chacoalhá-la. De onde veio isso? Antigamente, os *sheiks*, sultões, realezas e autoridades em geral contratavam apenas pessoas surdas para servi-los. Pois somente assim eles assegurariam que os confidenciais planos econômicos ou bélicos não sairiam do palácio. Então, eles inventaram esse gesto para sinalizar que já bastava de café. Esse contexto já não existe há muito, mas o sinal ficou como reminiscência cultural.

Conto essas curiosidades e informações sobre o Mundo Árabe e o café como se eu te servisse, também, um cafezinho, partindo de uma herança compartilhada tão gostosa, para conversarmos mais intimamente sobre as tantas outras semelhanças que possuímos.

Inshallah! Oxalá!

Só de prosear com você por meio destas páginas, estou partindo, talvez, de um dos maiores propagadores da cultura árabe no Brasil: a língua portuguesa! O próprio ato de falar e escrever em português já nos conecta irreversivelmente com o Mundo Árabe.

A HERANÇA ÁRABE NA LÍNGUA PORTUGUESA

Existem, hoje, mais de 18 mil termos de origem árabe no nosso vocabulário! Isso sem contar com adjetivos, verbos, interjeições e pronomes[14]. Palavras como açúcar, algodão, leilão, algarismo, álgebra, arroz, laranja, alicerce, cifra, papagaio, azulejo, alfazema... a propósito, a maioria das palavras que você conhece e são iniciadas por "al" vêm dessa grandiosa herança árabe no nosso idioma.

Tenho certeza de que você já ouviu as expressões "*Inshallah*!" e "Oxalá!", mas talvez não saiba que a segunda é derivada da primeira e ambas querem dizer "se Deus quiser".

Oxalá que você goste deste livro!

Agora, vamos compreender melhor como uma cultura aparentemente tão distante quanto a árabe pode modificar e se entranhar de tal maneira na cultura portuguesa e, pela continuidade, na brasileira, ajudando a compor a nossa identidade mesmo antes da chegada dos árabes no Brasil.

O general Tariq Ibn Ziyad e seus exércitos, no início do século VIII, atravessaram as rochas de Gibraltar e estabeleceram domínio na Península Ibérica, derrotando o último rei hispânico visigodo. A Península Ibérica é a região que abriga os atuais territórios de Portugal e da Espanha. Os árabes dominaram-na por cerca de 800 anos, eram chamados de mouros, sendo expulsos definitivamente apenas em 1492[15].

---

14   LIMA, Laísy Oliveira Costa de. A influência árabe na Península Ibérica e na língua portuguesa. 2022. 21 f. Trabalho de Conclusão de Curso (Licenciatura em Letras Português). Universidade de Brasília, Brasília, 2022.
15   Idem, ibidem.

Por tantos séculos, a cultura árabe foi dominante entre esses povos, e as consequências disso até hoje nos influenciam, a começar pelo mais evidente, a língua, mas está longe de parar por aí. Quando os colonizadores portugueses desembarcaram no Brasil, trouxeram uma extensa bagagem cultural, repleta da sua história árabe. Indo mais além, pesquisadores afirmam que esse contato entre árabes e portugueses teria sido fundamental para que os últimos colonizassem continentes por meio das navegações[16].

Foram os árabes que levaram a bússola, invenção chinesa, para a Europa, além de noções avançadas de engenharia naval, cartografia, astronomia, matemática e arquitetura. O Mundo Árabe era a vanguarda científica do planeta na época da Idade Média europeia e, sem os seus conhecimentos, os grandes empreendimentos navais jamais teriam sido possíveis.

Filosofia, álgebra, aritmética, geografia, agricultura e irrigação, culinária, música, arquitetura e medicina são alguns dos campos do conhecimento para os quais os árabes trouxeram grandes avanços, ainda desconhecidos na Europa.

Na agricultura, introduziram grandes cultivos frutíferos que não existiam na Península Ibérica, como os de limão,

---

[16] FREYRE, G. *Casa grande & senzala*: formação da família brasileira sob o regime de economia patriarcal. 14. ed. Rio de Janeiro: José Olympio, 1969.

laranja, amêndoa, figo, uva e maçã. Construíram castelos, mesquitas, bibliotecas e os decoraram com os típicos azulejos, chafarizes e detalhes arabescos; traduziram textos clássicos gregos e latinos que haviam sido perdidos pelos europeus; generalizaram o uso dos algarismos e trouxeram o conceito do número zero.

Os árabes incrementaram a poesia portuguesa com a rima, que não havia antes, era apenas a métrica. Na música, estiveram na gênese do fado e do flamenco. No Brasil, toda essa mistura se expressou, por exemplo, no folclore sertanejo, por meio do repente nordestino, que seria uma derivação dos desafios de rimas árabes. Ainda que os árabes pouco tenham pisado no interior do Nordeste brasileiro, mesmo com a imigração posterior, é incrível pensar que uma prática tão regional do nosso país tem raízes no Mundo Árabe[17]. No livro *O cearense revelado: uma jornada via DNA desvenda nossa ancestralidade*, o autor Luís Sérgio Santos diz que os árabes se concentram na região metropolitana e no sertão central do Ceará, principalmente na cidade de Quixadá, sem deixar de lembrar que o cantor cearense Raimundo Fagner tem descendência árabe.

Existe o dedo árabe até no nosso samba!

---

[17] EL-MOOR, Patrícia Dario. Alimentação, memória e identidades árabes no Brasil. Tese de doutorado (Sociologia). 2014. 230 fls. Universidade de Brasília. Brasília, 2014. Ver também: EL-MOOR, Patrícia Dario. O reconhecimento da presença árabe no Brasil: na busca de uma identidade Nacional. In: *Anais do XI Congresso Luso-Afro-Brasileiro de Ciências Sociais*, realizado em Salvador. Salvador, 2011.

Segundo João Baptista de Medeiros Vargens[18], professor de árabe da Universidade Federal do Rio de Janeiro (UFRJ), o samba que se desenvolvia nos morros cariocas do início do século XX teria sido grandemente influenciado por um instrumento árabe semelhante ao pandeiro, de formato hexagonal, que ajudou esses primeiros batuqueiros a encontrarem a batida rítmica característica do estilo.

São tantas as contribuições – da maior relevância e que ainda persistem, tanto no velho continente quanto no Brasil – que eu precisaria de toda uma coleção de livros para falar sobre elas!

Sabe aquela famosa frase: "Gostei, mas está caro; vou dar uma volta..."? Então! É outra semelhança que temos com os árabes.

A ARTE DA PECHINCHA

Já comentei sobre o quanto devemos aos árabes no tocante às nossas práticas de negociação, uma vez que eles moldaram a nossa forma de vender e consumir. Os árabes são os reis da pechincha. A verdade é que o árabe se sente até mesmo um tanto menosprezado se você não pechinchar um pouco.

Quando você vai aos mercados do Egito ou dos Emirados, eles costumam jogar o preço lá em cima, e as negociações funcionam mais ou menos assim: você pergunta "quanto é?" e o vendedor te responde "100". "Ah, obrigado, mas está caro. Vou dar uma volta", você diz. "Posso fazer por 90", ele

---

18 DE MEDEIROS VARGENS, João Baptista; MONTE, Carlos. *A velha guarda da Portela*. Rio de Janeiro: Manati Produções Editoriais, 2001.

responde. Se você responder "90... tudo bem, eu compro", ele provavelmente vai ficar confuso. Cadê o furor da negociação, cadê o jogo?

Porém, se você disser "vou embora, ainda está caro!", pode ter certeza de que quando você virar as costas e contar até três a pessoa vai dizer "espera aí, espera aí, vamos conversar. Posso abaixar um pouco mais" – e o jogo continua, até terem chegado a um acordo. Afinal de contas, esse jogo foi inventado por eles! Soa familiar? Aposto que sim!

"Ah, Rafael, daqui a pouco você vai dizer que até o feijão com arroz de todo dia tem origem árabe...". O feijão eu não sei, mas quem levou a cultura do arroz da China para a Europa e, logo, para o Brasil, foram os árabes. Estudos dizem que também devemos a eles o gosto por frituras, comidas gordurosas, açucaradas e quitutes, além de características improváveis como o gosto pelo asseio, pela água e pela claridade![19]

Como estamos falando de comportamento, vale citar o quanto as nossas formações familiares são semelhantes. Tenho muitos amigos europeus e norte-americanos que ficam abismados quando digo que no Brasil, em geral, os filhos só saem de casa quando se casam. Isso porque, nesses países, eles têm o costume de praticamente expulsar o filho de casa quando faz dezoito anos. "Como assim o fulano tem 26 anos e está morando com os pais?!", e eu respondo que é a coisa mais normal do mundo. Meu cunhado tem mais de 40 e só saiu

---

[19] Disponível em: https://www.agrolink.com.br/culturas/arroz/informacoes-da-cultura/informacoes-gerais/historico-do-arroz_361591.html. Acessado em: 16 jun. 2024.

agora da casa da família; e eu teria muitos outros exemplos de situações assim. O Brasil é muito mais próximo do Mundo Árabe nesse aspecto.

> **A valorização da convivência com a família é muito grande e muito parecida em ambas as partes do mundo. As mulheres, particularmente, têm um papel de forte liderança na organização doméstica e na tomada de decisões.**

Esqueça esse estereótipo de mulher submissa que se cultiva em relação às mulheres árabes. Acredite em mim, em geral, elas mandam muito mais que os maridos, assim como no Brasil.

Nossas formas de ver e viver o mundo são tão mais semelhantes que diferentes que, quando os imigrantes árabes chegaram ao Brasil, o impacto cultural foi bem menor do que sofreram em países como os Estados Unidos[20], por exemplo. Eles escolheram habitar uma região dominada pela cultura portuguesa, que já havia sido dominada pelos seus antepassados séculos antes! Veja só como o mundo dá voltas e se enrosca.

Os imigrantes árabes reconheceram, no Brasil, traços da sua própria cultura e, portanto, não foram tratados, nem se

---

20 EL-MOOR, Patrícia Dario. Alimentação, memória e identidades árabes no Brasil. Tese de doutorado (Sociologia). 2014. 230 fls. Universidade de Brasília. Brasília, 2014.

sentiram, como completos estranhos, integrando-se à sociedade rapidamente.

Desejo que, a essa altura, o seu eventual estranhamento em relação ao Mundo Árabe já tenha dado lugar aos muito mais prósperos sentimentos de empatia e fraternidade. Porque serão eles as colunas dos grandiosos empreendimentos que você construirá com seus irmãos árabes, sejam quais forem os seus negócios.

QUEBRANDO MINHAS FRONTEIRAS

Eu era muito pequeno quando a minha família se mudou para os Emirados Árabes. Chegamos ao Emirado de Sharjah, minha mãe, meu padrasto e eu, depois de dois anos morando na Inglaterra. A mudança foi necessária, pois o meu padrasto trabalhava no setor petrolífero e lá havia uma grande oportunidade para ele.

Considero minha mãe uma grande guerreira; é necessário ter muita fibra e coragem para se mudar para um país tão distante, onde não se conhece ninguém, com um filho pequeno, sem uma forma fácil de falar com familiares e amigos.

Estávamos no começo dos anos 1990, então não existiam redes sociais e, mesmo por telefone, a comunicação era de uma grande burocracia. Olha só a situação: minha mãe precisava ligar para a Telesp, companhia de telefonia da época, e a empresa ligava para a vizinha da minha avó, a dona Inês – a única casa na vila inteira que tinha telefone fixo e aceitava ligações internacionais – e tinha que gritar pelo muro: "Dona Mara!!!", para minha avó vir então falar conosco! Bem diferente de hoje em dia...

Os meus avós acreditavam que essa era uma região em guerra e não queriam que eu fosse, quase nada se falava sobre aquela região do mundo, nem de Dubai, muito menos de Sharjah, um emirado mais distante e industrial. Porém, ela enfrentou esses enormes desafios e, por isso, tive acesso a experiências multiculturais incríveis, que jamais teria de outra forma.

Alguns meses antes de chegarmos a Sharjah, foi inaugurada, em Dubai, a primeira escola internacional dos Emirados Árabes, a Emirates International School. A minha mãe soube disso e buscou me matricular na instituição, que já era extremamente concorrida. Como a escola ficava em outro emirado, era necessário que acordássemos muito cedo, por volta das cinco da manhã, mas a qualidade da escola valia o sacrifício.

Chegou o primeiro dia de aula e eu estava muito ansioso; não tímido, nunca fui tímido, mas, como toda criança em uma escola nova, guardava grandes expectativas. Para piorar a minha ansiedade, entrei na escola em outubro, mas o semestre havia começado em agosto, então eu estava com medo de ficar para trás na sociabilidade e nas matérias. Nesse primeiro dia, a minha mãe me levou dirigindo até a escola. Ela me deixou na secretaria e foi embora.

O primeiro baque veio quando a moça da secretaria, que recebia os novatos, chegou para me levar até a sala: ela estava toda trajada com a roupa típica das mulheres, a *Abaya*, um vestido preto que cobre todo o corpo, exceto pés, mãos e rosto. Vestia também o véu. Aquilo me impressionou muito, pois nunca tinha visto esses trajes. Conforme ela me acompanhava pelos corredores, o frio na barriga aumentava. Por meio da sua linguagem corporal, mesmo debaixo de toda aquela roupa, entendi que estávamos chegando na minha sala.

Ela abriu a porta e, do lado esquerdo, estava de pé uma professora loira, que supus, pela minha experiência na Inglaterra, ser inglesa. Do lado direito, um monte de crianças. Fiquei animado, toda criança tem aquela adrenalina quando vê outras crianças, aquela curiosidade. A professora pegou a minha mão e me levou à frente da sala para me apresentar. Foi mais ou menos assim: "Esse aqui é o Rafael Solimeo, nosso novo coleguinha. Ele é do Brasil".

Até antes de ela falar a palavra "Brasil", os meus colegas agiam de maneira um tanto indiferente. As meninas mal olhavam, e os meninos pareciam mais hostis. Porém, depois do "ele é do Brasil" tudo mudou. Lembro-me como se fosse hoje, os olhos deles começaram a brilhar, três meninos que se sentavam no fundo até fizeram um *high five* enquanto gritavam de alegria. Isso me deixou tão feliz, que me marcou muito.

Na hora do recreio, os meninos ficaram loucos. Formaram uma rodinha comigo no centro e começaram a perguntar tudo sobre mim. O primeiro e mais entusiasmado tópico foi sobre as minhas habilidades com o futebol, pois eles tinham um time. O Brasil já era reconhecido como um grande campeão, referência no futebol, e logo eles atrelaram essa imagem a mim, imaginando que, por ser brasileiro, eu deveria saber jogar bem.

Não vou mentir para você, futebol não é nem foi o meu esporte preferido. Cá entre nós, quem me conhece sabe que eu odeio futebol, não tenho paciência para assistir a um jogo tão longo, principalmente devido ao transtorno de déficit de atenção com hiperatividade (TDAH), com o qual sou diagnosticado. No entanto, vi ali uma oportunidade de me enturmar. Senti que, se falasse que não gostava, perderia a admiração dos coleguinhas. Então falei: "Sim, adoro futebol!". Comemoraram e me chamaram para jogar com eles.

Até joguei algumas vezes, no começo, mas depois vivia dando desculpas para não ir. Mesmo assim, com o passar dos anos, a minha popularidade na escola só cresceu. Um dos fatores para tanto, já na adolescência, era o meu gosto pela dança. Nas festas, aí sim, eu mostrava meu lado latino, a energia brasileira que todo o mundo conhece e ama.

O brasileiro é muito querido mundo afora e especialmente no Mundo Árabe. Apenas sendo brasileiro você abre portas pelo futebol, pelo samba ou pelo estilo de vida. E eu surfei nessa onda de ser brasileiro. Soube usar isso a meu favor na sociabilidade, o que me rendeu muitos amigos e grandes oportunidades. Eu usei o fato de ser brasileiro como um tipo de "marketing" – e se você souber a importância de ser brasileiro aqui no Mundo Árabe também pode fazer o mesmo!

Todos que estudaram comigo nessa escola se tornaram ministros, *sheiks*, CEOs de estatais ou grandes empresas, emiráticos nobres. Hoje, essas amizades facilitam muito a minha vida. Essas pessoas que foram meus amigos de infância, me ajudam a consolidar a parceria entre o Brasil e o Mundo Árabe que se iniciou lá naquela sala de aula, no começo dos anos 1990, quando ninguém poderia imaginar o futuro de tanta prosperidade que caracterizaria aquela região.

Em 1992, com minha turma de classe em Dubai, descobrindo a riqueza das diferentes culturas e vivendo a magia da infância juntos.

ALARGA TUA TENDA

"*Rafael Solimeo é um profissional diferenciado e sempre disposto a auxiliar no que for necessário.*

Estive em um período de seis meses na cobertura da Expo 2020, a maior exposição mundial, que ocorreu em Dubai, nos Emirados Árabes Unidos. O acompanhamento da Câmara de Comércio Árabe-Brasileira e sobretudo o sucesso do trabalho tiveram grande respaldo de toda a equipe da entidade, em especial do Rafael.

Também conseguimos por lá desenvolver um conteúdo de destaque, ao fazer uma reportagem na maior fazenda de camelos do mundo, que produz leite de camela. Isso só foi possível com o apoio do Solimeo. Todo esse suporte reverbera em questões que vão mais além. Tome-se o exemplo de que o Brasil, como protagonista mundial do agro, tem uma relação de tradição, fidelidade e negócios com todo o Mundo Árabe. Somos os maiores fornecedores de proteína animal Halal para aquele mercado. Começamos a embarcar mais produtos de valor agregado, como café, açaí, molhos e temperos.

O sucesso dessa relação comercial passa pelo esforço de quem lidera a Câmara em Dubai. Parabéns, Rafael Solimeo, e conte sempre com nosso empenho também."

Renata Maron,
repórter e apresentadora.

CAPÍTULO 3

O OLHAR PARA O RESPEITO

Evite fazer o que mais tarde exige
que você peça desculpas.

◇◇◇◇◇◇◇◇◇◇◇◇

"Os brasileiros costumam ser muito informais em quase todas as situações. Mesmo em situações consideradas formais, como no ambiente de trabalho, a maioria dos brasileiros ainda usa uma linguagem muito informal e a maioria deles não segue o horário marcado para compromissos e reuniões. E uma coisa ainda mais estranha é que os brasileiros abraçam e beijam todo mundo! Não importa se é um amigo próximo ou uma pessoa que acabou de conhecer."

Por Khouloud Ezzeddine, de Beirute, no Líbano

Quando tratamos de negócios internacionais, tanto acadêmicos quanto negociantes compreendem esta regra básica: para negociar com uma cultura diferente, é primeiro necessário compreendê-la e respeitá-la[21].

As negociações começam muito antes que se fale de qualquer produto. Baseiam-se, antes de tudo, nas relações construídas, na socialização, na amizade, no respeito aos protocolos de etiqueta e às crenças religiosas do povo com o qual você quer negociar.

Uma vez estabelecida relação respeitosa, amistosa e interessada no aprendizado cultural, os conflitos serão diminuídos e os caminhos estarão abertos para o desenvolvimento de parcerias.

Em relação ao Mundo Árabe, essas atitudes tornam-se ainda mais fundamentais, devido às especificidades culturais que venho apresentando a você ao longo deste livro.

Os árabes são um povo que valoriza especialmente a amizade, a lealdade, a hospitalidade, a família e a religião. Seus costumes obedecem a códigos morais, tabus e permissões que precisamos não apenas conhecer, mas respeitar profundamente, para que relações e negócios floresçam.

---

21 SILVA, V. C. S. Comércio exterior brasileiro e o mercado Halal: projeção internacional pelo soft power. Portal de Trabalhos Acadêmicos, *[S. l.]*, v. 3, n. 2, 2022. Disponível em: https://revistas.faculdadedamas.edu.br/index.php/academico/article/view/2196. Acessado em: 14 abr. 2024.

Neste capítulo, você aprenderá como evitar erros e gafes que, a princípio, parecem irrelevantes, mas que podem ser interpretados como graves desrespeitos e causar grande impacto nos seus esforços ao se relacionar com pessoas árabes. Além disso, conhecerá os conceitos de *Halal* e *Haram* – bases dessas permissões e proibições culturais – e as possibilidades que se apresentam ao negociante brasileiro que sabe farejar as melhores oportunidades!

De que maneiras você pode expressar respeito pela cultura árabe e, assim, estabelecer com as pessoas uma boa relação, que abrirá portas nos negócios? Antes de tudo, evite constrangimentos, pratique as orientações que compartilho com você. Vamos começar por baixo...

CUIDADO COM SAPATOS E MEIAS

Quer saber um exemplo de extrema falta de respeito e educação no Mundo Árabe? Sentar-se de modo a mostrar a sola do seu sapato! Esse tabu está ligado a mostrar as impurezas para as outras pessoas. Ainda referente aos sapatos, também é de um enorme desrespeito entrar na casa de alguém com os pés calçados. Você deve deixar os sapatos do lado de fora. Por isso, eu recomendo: se for a alguma reunião no Mundo Árabe, lembre-se de usar sempre meias bonitas!

CÓDIGO DE VESTIMENTA RECOMENDÁVEL

Foi convidado para uma reunião? Seja homem ou mulher, não invente moda, use um terno completo! Evite shorts ou bermudas curtas, é muito raro ver um árabe com esse tipo de vestimenta. Não é proibido, apenas visto como desrespeitoso. Para as mulheres, o mesmo se aplica às saias curtas e às roupas muito justas. De resto, é supertranquilo.

AS REUNIÕES PODEM SE ALONGAR: COMO AGIR?

Quando você sai para uma reunião no Mundo Árabe, a duração e a forma como ela se desenrola são imprevisíveis, por mais que haja um combinado inicial. Supondo que você saia para a reunião às dez da manhã – a propósito, chegue na hora marcada, nem um minuto antes ou depois, já que, para eles, isso é sinal de respeito e consideração – e encontre a pessoa árabe no escritório dela.

Como você já sabe, eles gostam muito de receber e servir; quando confiam em você, são carinhosos e esbanjam hospitalidade. Ele pode, depois de uma boa conversa, dizer algo do tipo: "OK, vamos fechar esse negócio, mas antes quero almoçar contigo. Vamos lá em casa". O que configura uma honra, um gesto de reconhecimento e amizade.

É desrespeito dizer para um árabe que não quer ir à sua casa quando ele convida; então, como sei que você aprende rápido e não quer desperdiçar essa chance, você irá – com suas meias limpas, arrumadas e sem furos, se quiser continuar causando boas impressões!

BOAS MANEIRAS À MESA ÁRABE

Recomendo, também, que expanda a sua preparação para além das meias e roupas! Na hora da refeição, esteja atento a essa dica: não é de bom-tom comer toda a comida; deixe uma pequena quantidade no prato.

Na casa de um árabe... comeu tudo? Raspou o prato? Ele vai se questionar: "Ele deve achar que não tenho comida suficiente, já que limpou o prato". A sociedade árabe realmente valoriza a abundância de alimentos e a hospitalidade; portanto, é extremamente importante para o anfitrião que você saia totalmente satisfeito da refeição. Na visão deles, ao raspar o prato, você deixa a entender que foi malservido, portanto, que eles não têm comida o bastante. Deixe só um pouquinho, para mostrar que você apreciou o alimento, mas foi tão bem servido que não aguentou comer tudo.

Ah, lembre-se de que não se utiliza talheres em uma refeição árabe; trata-se de um hábito agressivo, como se você comesse munido de armas! Nos restaurantes, eles comem com talheres, normalmente, mas em ambiente mais íntimos, como em casa, eles costumam comer com as mãos, como é a tradição. Mais especificamente com a mão direita, que é o que você também deve fazer.

A higiene é extremamente valorizada no Mundo Árabe, eles precisam se purificar todas as vezes antes de rezar, o que acontece cinco vezes por dia. Portanto, certifique-se de estar com as mãos bem limpas antes de iniciar uma refeição.

CUMPRIMENTE MULHERES E HOMENS COM RESPEITO

No Brasil, geralmente cumprimentamos as pessoas, independentemente do sexo ou de quem seja, com abraços, beijos ou apertos de mão. No Mundo Árabe, isso é um pouco mais complexo.

O homem cumprimenta outro homem com um aperto de mão: "Olá, tudo bem?", Como vai?"; quando for cumprimentar uma mulher, o mais correto é colocar a mão direita no peito e abaixar levemente a cabeça, demonstrando respeito. Tocar as mãos de mulheres árabes sem conhecê-las definitivamente não é bem-visto.

Se uma mulher estiver usando o véu árabe característico, o ideal é aguardar o primeiro passo dela: se ela te oferecer a mão, você a cumprimenta com um aperto; se ela colocar a mão no peito e abaixar a cabeça, você também faz o mesmo gesto.

No Mundo Árabe, respeita-se muito o espaço pessoal do outro, o que é um grande contraste em relação ao Brasil, onde pessoas que mal te conhecem já chegam te enchendo de beijos! Até eu, mesmo sendo brasileiro, já fiquei constrangido ao receber três beijinhos – o que ocorre em alguns lugares do país – porque não esperava que isso fosse acontecer. Para os árabes, isso pode ser tão perturbador quanto invasivo.

ASSUNTOS SENSÍVEIS PARA SE EVITAR

Sobre boas práticas de conversação, existem assuntos que podem causar algum mal-estar – situação que você deve evitar se deseja otimizar suas chances de estreitar laços com parceiros árabes. Conflitos políticos da região árabe e religião são os principais assuntos a serem evitados.

Principalmente quanto à religião, recomendo discrição. Cada um tem a sua, e ela deve ficar com você, eles não entrarão nesse mérito e isso não será um impeditivo nas negociações. Assim como no Brasil, discutir religião é algo extremamente sensível, e as escolhas das pessoas no campo da expressão religiosa devem ser respeitadas.

A política local também é assunto sensível, e dificilmente você compreenderá os detalhes que a definem; portanto, o ideal é evitar qualquer tipo de comentário que possa ser mal interpretado. Já vi brasileiros mal orientados soltando frases como: "Ah, realmente ali no Líbano, pelo amor de Deus, hein? O que está acontecendo por lá? Essa guerra de vocês...". Não siga esse exemplo!

Por último, se você for homem, não comente com outro homem sobre as mulheres de sua família, nem pergunte sobre como vai a mãe, irmã, filha, tia. Mais uma vez, a discrição sobre assuntos de natureza íntima, especialmente envolvendo as mulheres, é a norma. Para eles, é uma atitude de proteção.

SÓ ELOGIE SE FOR SINCERO E, SE ALGO FOR OFERECIDO, ACEITE

Se a pessoa árabe te oferecer uma comida, você come. Se te der um presente, você aceita. É muito desrespeitoso não aceitar.

Com relação a isso, existe um fenômeno muito interessante que acontece no Mundo Árabe. Tome cuidado ao elogiar qualquer objeto de um árabe, porque é muito provável que ele te dê de presente! Eu já passei por isso quando fui elogiar um colega: "Nossa, Khaled! Que gravata bonita!", e ele respondeu: "Gostou? É sua!". Não quis aceitar e ele insistiu: "Não, não, é sua!". Tive de aceitar e sair usando.

Já vi gente dando relógio, carro. Não estou brincando! O elogio o faz se sentir na obrigação de te dar. Para você não se meter em um momento de constrangimento, se não gostou, não finja que gostou, pois ele vai te dar, seja lá o que for e você terá de aceitar e usar! Então, só elogie aquele blazer de veludo roxo de alguém se estiver disposto a usá-lo pelo resto do evento.

TENHA ATENÇÃO ÀS RESTRIÇÕES ALIMENTARES

Se for chamar um árabe para uma refeição, tenha muito cuidado com as restrições alimentares. Em nenhuma hipótese chame uma pessoa árabe para consumir álcool! O brasileiro tem a mania de, em qualquer parte, soltar aquela: "Ô, vamos tomar uma gelada!" ou "mas experimenta essa pinga aqui, é de um alambique especial…". Nem pense em fazer isso!

Bebida alcoólica é estritamente proibida entre os praticantes da religião islâmica, que considera esses itens impuros e prejudiciais para o corpo e a alma. Além disso, essas restrições visam promover a saúde física e espiritual dos praticantes, bem como a disciplina e a moderação em suas vidas. Consumir álcool é *Haram*, que significa pecado e proibição no Mundo Árabe. Mesmo que seja artesanal, da fazenda do seu avô, de sua coleção mais especial – não faça! Pois nunca será bem recebido e evidenciará seu desconhecimento e falta de cuidado em relação a aspectos importantes da cultura da pessoa árabe.

Por falar em pinga, o brasileiro costuma achar muito bonito convidar um árabe para a churrascaria. É cilada, Bino! Churrascaria é um local perigoso para você levá-lo. Primeiro, quando você chega lá, vai se deparar com o *buffet* de saladas, em que geralmente haverá um salame enroladinho com queijo. Salame é carne de porco, que é *Haram*. Não pode. Logo em seguida alguém serve uma feijoada, que também é *Haram*. O garçom finalmente vem com aquela picanha, e ela está no mesmo espeto, com uma linguiça calabresa... que é o quê? Você já sabe, *Haram*!

A situação pode ficar desconfortável para o seu convidado; então, se você faz muita questão de levá-lo a uma churrascaria, programe-se direito antes. Ligue para o restaurante e fale com o gerente, explique: "Seguinte, vou trazer uma pessoa VIP. Ele não pode comer carne de porco, não traga carne de porco à mesa, porque é um desrespeito à pessoa".

Além disso, mesmo que você não tenha restrição nenhuma com bebida alcoólica, recomendo que não beba a sua cervejinha quando estiver em companhia do seu amigo árabe. É seu direito? É! Porém, tenha em mente que isso vai te afastar dele. Tomar a cerveja vai evidenciar que vocês não têm os mesmos valores.

Aqui no Mundo Árabe, eu tenho uma licença para beber álcool, e sabe por que ela existe? Para que o consumo possa ser controlado. Só posso usar até 10% do meu salário com bebidas alcoólicas, e essa lei vem da compreensão que eles têm dos efeitos nefastos do consumo descontrolado de álcool na saúde das pessoas e das famílias.

O COMÉRCIO *HALAL*

A religião islâmica é o pilar da organização da maioria das sociedades árabes e define os diversos aspectos da vida de seus habitantes.

> **Não há como construir operações comerciais com o Mundo Árabe sem conhecer, principalmente, essas duas leis islâmicas que regem o comportamento, o consumo, a vestimenta, a comunicação e a alimentação dos fiéis: *al-Halal* e *al-Haram*.**

É *Halal* tudo aquilo que é lícito e permitido segundo o livro sagrado Alcorão. *Haram*, em contraste, é tudo que é ilícito e proibido.

Um produto *Halal* pode se tornar *Haram* se for acrescido de processo ou matéria-prima proibida, o que pode acontecer por desconhecimento de quem produz e quer vender no Mundo Árabe. Por exemplo, um embutido que contém carne de porco torna-se ilícito e não pode ser vendido para essa população[22].

Além de não poder conter uma matéria-prima proibida, como o porco, o produto precisa obedecer a condições sanitárias mais rigorosas, que incluem higiene pessoal, uniformes utilizados, equipamentos, normas de produção e processamento que prezem pela proteção da contaminação.

---

[22] SILVA, V. C. S. Comércio exterior brasileiro e o mercado Halal: projeção internacional pelo soft power. Portal de Trabalhos Acadêmicos, *[S. l.]*, v. 3, n. 2, 2022. Disponível em: https://revistas.faculdadedamas.edu.br/index.php/academico/article/view/2196. Acessado em: 14 abr. 2024.

Para ser consumida aqui no Mundo Árabe, a carne precisa ter o selo *Ḥalal*, que, no Brasil, é emitido pela Fambras (Federação das Associações Muçulmanas do Brasil) ou pela CDIAL Halal, entre outras certificadoras, a depender do país árabe. O objetivo da organização é garantir que os produtos do país obedeçam às exigências *Halal* e possam ser consumidos tranquilamente por muçulmanos.

A organização reforça, no entanto, que *Halal* não se limita à religião, mas "está se tornando um símbolo global de garantia de qualidade e um estilo de vida [...], pois vai ao encontro de tudo que é saudável, estando ligado diretamente à saudabilidade dos seres vivos, humanos e animais"[23].

É um mercado em grande expansão, movimentando por ano, em média, US$ 2,1 trilhões, sendo US$ 1 bilhão só no Brasil. De acordo com previsões de estudiosos, em 2030, o número de muçulmanos chegará a cerca de 2,2 bilhões de pessoas, mais de 25% da população mundial – uma população de alta renda per capita e altas taxas de crescimento populacional e financeiro[24].

Antes da pandemia, em 2019, o Brasil chegou a ser o maior exportador mundial de comida *Halal*, fato que demonstra nosso enorme potencial e destaque no setor.

Do Brasil se exporta principalmente frango e carne bovina, mas o mercado *Halal* engloba variados segmentos além do

---

23 FAMBRAS HALAL. Mercado Halal, 2022. Disponível em: https://www.fambrashalal.com.br/mercado-halal. Acessado em 15 jul. 2024.
24 RUIC, Gabriela. 15 previsões sobre o futuro da religião no mundo. *Exame*, 2015. Disponível em: https://exame.com/mundo/15-previsoes-sobre-o-futuro-da-religiao-no-mundo/. Acessado em 15 jul. 2024

agronegócio, como o de alimentos industrializados, cuidados pessoais, cosméticos, produtos farmacêuticos, bancos e finanças, turismo, armazenamento e logística.

Sim, até o turismo pode ser *Halal*! Quando um árabe vai ao Brasil ou a qualquer lugar, ele precisa saber onde está a cidade de Meca, já que deve rezar cinco vezes por dia voltado para a sua direção.

Uma boa prática para tornar um hotel *Halal*, por exemplo, é ter uma setinha mostrando a direção de Meca, além de ter disponível para o hóspede um exemplar do Alcorão e um tapetinho para a reza.

Um dos maiores segmentos *Halal* é o de finanças! Existe toda uma orientação sobre como utilizar o dinheiro de maneira *Halal*, permitida. Por exemplo, juros é pecado no Mundo Árabe. Não posso emprestar dinheiro para quem necessita e depois pedir um pouquinho a mais; isso é interpretado como uma vantagem que se tira das pessoas, o que configura *Haram*.

Imagino que você possa se perguntar "E os bancos, Rafael, não cobram juros?". Bem, aqui eles cobram certas taxas, mas não juros. Ainda sobre finanças, particularmente nos países do Golfo Pérsico, por exemplo, os Emirados Árabes Unidos, usa-se muito o cheque como forma de garantia de pagamento; em Dubai, se eu te dou um cheque e ele volta, preciso pagar uma multa para o banco e para você.

Se você apresentar o cheque pela segunda vez e ele voltar, eu posso ir à cadeia e a multa é altíssima para sair do cárcere. Nas finanças islâmicas, um mau pagador está roubando de você; se eu não te pago o que devo, se compro algo seu e não pago, estou roubando de você! Não pagar é como cometer um crime grave.

Outro mercado *Halal* que gostaria de destacar é o de moda. As árabes são particularmente interessadas na lycra brasileira! Nas roupas de ginástica, blusas, calças e burquínis, que são roupas de banho utilizadas pelas muçulmanas.

O Mundo Árabe adora a moda brasileira; existe um potencial enorme da exportação de produtos de moda para cá, basta que se trabalhe em certas adaptações.

QUEBRANDO MINHAS FRONTEIRAS

Durante minhas atividades na Câmara de Comércio Árabe-Brasileira, acompanhei algumas autoridades brasileiras nas suas negociações com o Mundo Árabe.

Sempre percebi a necessidade de, antes de qualquer reunião com algum representante árabe, gastar alguns momentos informando os brasileiros sobre certas questões importantes de etiqueta. Como enfatizei neste capítulo, elas podem fazer toda a diferença: para ter sucesso em uma interação e possível negociação com alguém importante no Mundo Árabe, os códigos culturais devem ser respeitados e observados.

Certa vez, dei essa orientação breve para uma autoridade brasileira: "Quando o *sheik* chegar, você o cumprimenta colocando a mão direita no peito e tá tudo certo". Demonstrei, com gestos, como isso aconteceria. Ela pareceu ter compreendido.

Chegando à reunião, ele fez conforme eu previ, cumprimentando-a com a mão no peito. Ela, todavia, esqueceu do que falávamos e, na hora que ele posicionou a mão, se movimentou para apertá-la. Porém, o pior veio a seguir: já que não conseguiu apertar a mão do *sheik*, ela simplesmente decidiu dar um abraço e três beijinhos no rosto dele!

E ainda arrematou, dizendo: "É porque lá na minha cidade a gente dá três...". O *sheik* ficou extremamente constrangido, assim como todo mundo na sala. A foto que estava programada nem foi tirada, e o encontro acabou muito rapidamente. Não é esse desfecho que você quer para as suas reuniões, certo? Portanto, preste bastante atenção nas orientações que te dou e não queira improvisar, porque a emenda pode sair pior que o soneto! Abra os olhos para o respeito à cultura árabe que você será recompensado com igual respeito e afeto. Dessa forma, todos saem felizes e, no mínimo, muito enriquecidos culturalmente.

Buscando oportunidades de conexões entre Brasil e Qatar, reuniões como essa criam pontes e fortalecem laços além das fronteiras.

Levando a expertise e o compromisso profissional do Brasil para o cenário *halal* no Bahrain.

ALARGA TUA TENDA

"A visita dos empresários brasileiros à Câmara Árabe-Brasileira em Dubai, juntamente com a mentoria recebida por meio de Rafael Solimeo, foi de extrema importância para a missão empresarial organizada pelo Instituto Jovem Exportador em outubro de 2022.

A dificuldade que as empresas enfrentam ao acessar novos mercados internacionais é não conhecerem bem as particularidades desses mercados. É fundamental que as empresas se adaptem às necessidades específicas do mercado para terem sucesso. E é aí que entram os facilitadores, como o Rafael Solimeo, que ajudam com informações, dicas e sugestões no processo de adequação dos produtos ou serviços para acesso ao mercado internacional.

A mentoria recebida foi fundamental para os pequenos negócios, já que as informações fornecidas foram essenciais para auxiliar as empresas a se adaptarem às demandas específicas do mercado árabe.

A contribuição de Solimeo para os empresários da comitiva foi valiosa. O fato de Solimeo residir em Dubai e apoiar e direcionar empreendedores no acesso a novas oportunidades de *negócios foi ainda mais relevante para a missão empresarial. Em resumo, a mentoria recebida por meio de Rafael Solimeo foi uma peça-chave no sucesso da missão empresarial no mercado árabe e evidenciou a importância de ter facilitadores em um processo de expansão internacional."*

Ronan Pires,
presidente do Instituto Jovem Exportador.

CAPÍTULO 4

O OLHAR QUE DESMISTIFICA

A verdade dura até o fim dos tempos.

◇◇◇◇◇◇◇◇◇◇

"Temos uma cultura e patrimônio ricos que refletem os valores tradicionais árabes e islâmicos. Algumas das características distintas do patrimônio dos Emirados Árabes Unidos são a hospitalidade, a tolerância, a coesão familiar e a solidariedade entre os membros da sociedade, juntamente com a honra e o orgulho associados a fazer parte desse patrimônio. Mas para mim, a melhor coisa é a hospitalidade. Os convidados e visitantes são tradicionalmente recebidos com café e tâmaras. O café local é misturado com cardamomo e açafrão."

Por Jamile Mussa Haikal, em Sharjah,
nos Emirados Árabes Unidos

Mesmo com toda a integração cultural gerada pela chegada da internet e da globalização, sabemos que ainda existem, no Brasil e no ocidente, de modo geral, muitos mitos relacionados à vida no Mundo Árabe.

Meu objetivo é mostrar que muito do que você pensa sobre o Mundo Árabe está ultrapassado ou é composto de inverdades que, de tão repetidas, transformaram-se em verdades na costa atlântica.

Fato é que os mitos e inverdades podem atrapalhar muito a construção da empatia e da amizade, tão essenciais para ter sucesso em negociações com pessoas árabes.

Sinto que muitos brasileiros interpretam os árabes de maneira errônea, e estou aqui para desanuviar as suas percepções e te guiar pelo caminho da parceria cheia de potenciais entre Brasil e Mundo Árabe.

Para se fazer negócios com árabes, é preciso se conectar com eles; para que essa conexão aconteça, você precisa compreendê-los. Essa compreensão pode ser dificultada, a princípio, pelos preconceitos reiterados pela cultura ocidental, mas isso é algo que você pode desfazer com boa vontade por meio do estudo e da retenção das informações que tenho dividido com você neste livro.

ASSALAM WALAIKUM!

Para aprofundarmos mais nessa compreensão, precisamos conhecer a *Sunnah*, que é o estilo de vida do Profeta Maomé, adotado na maior parte do Mundo Árabe. Está na maneira em que andam, comem, falam, cumprimentam, na posição dos prédios, nos julgamentos, nas roupas, em todas as ações – tudo deve ser *Sunnah*.

Uma grande referência disso é o cumprimento *"Assalam Walaikum"*, que provavelmente você conhece. Significa "Que a paz e a misericórdia de Deus estejam com você". Em vez de apenas um "Oi, tudo bem?", o árabe, ao te cumprimentar, também te deseja bênçãos e misericórdia, seguindo o estilo de vida *Sunnah*.

Um simples cumprimento transforma-se, na cultura árabe, em uma bênção, ao qual você deve responder à altura, com *"Walaikum Salam"*, que quer dizer "Com você estejam a paz e a misericórdia de Deus".

Quando se cumprimenta alguém assim, não faz sentido brigar ou guerrear, porque você desejou que a paz se derramasse sobre ele. É como dar a sua paz para a pessoa, um ato que demonstra um desejo de conversar e se relacionar de maneira benigna. Mesmo com desconhecidos, ao entrar em uma sala, para demonstrar a sua boa intenção, *Assalam Walaikum* é uma oferta de paz, um quebra-gelo nas relações.

Essa é a primeira maneira de quebrarmos, também, com o estereótipo de as culturas árabes serem essencialmente violentas ou que buscam a guerra devido aos ensinamentos do Alcorão. Como dizer isso de um povo que, em vez de dizer "olá", já abre as interações te desejando paz?

OS CASAMENTOS NO MUNDO ÁRABE

Um dos mitos mais famosos do Mundo Árabe está relacionado ao casamento de um homem com mais de uma mulher. Primeiro, a razão de essa possibilidade existir nessa região não está nem remotamente relacionada à lascívia ou à satisfação puramente pessoal dos homens.

Por volta de 1450 anos atrás, havia muitas guerras de conquista na região. E quem eram os enviados para as guerras? Como você provavelmente já imaginou, eram os homens, de preferência os jovens e ainda aptos para manusear armas. Imagine, então, a situação de uma vila onde moravam 400 mulheres e 400 homens, e todos os homens fortes e jovens saíram para lutar nas guerras. Deles, apenas 200 retornam. O que acontece então com as mulheres dessa vila? Como sobreviveriam as mulheres e suas crianças? Consegue imaginar a situação?

Imagine ser uma mulher nesse período da história, com três, quatro ou cinco filhos, tendo seu marido ido para a guerra e não voltado mais. Isso significaria grandes problemas. A solução encontrada na época para mitigar essa situação foi permitir que o homem se casasse com mais de uma mulher, mas apenas caso ele pudesse provê-la no mesmo nível em que provê a primeira esposa.

Ao voltar da guerra, eu poderia, por exemplo, me reunir à minha esposa e me casar também com a minha cunhada, a vizinha... mulheres próximas que estivessem passando por necessidades por não terem mais suas fontes de provimento. Essa prática tornou-se comum e acabou sendo mais perpetuada em determinados locais.

O provimento para a segunda, terceira ou quarta esposa (que é o número máximo) precisa ser o mesmo dedicado à primeira esposa; e não me refiro apenas aos bens materiais, mas também ao amor e à atenção. Esse modelo de organização doméstica e matrimonial também promove maior crescimento populacional, necessário para a sobrevivência e a expansão de grupos sociais que constantemente sofrem com guerras.

Uma das razões mais importantes para que a prática de poligamia seja permitida no Mundo Árabe diz respeito à união entre as tribos por meio do casamento.

Isso porque mais possibilidades de união matrimonial significam mais possibilidades de estabelecer a paz entre tribos diferentes.

O casamento, nesses termos, é visto como um negócio muito sério, cujo objetivo é solucionar conflitos, acumular recursos e estabelecer amizades entre as tribos. É uma maneira de conectar as tribos em um círculo, constituindo uma família que compartilha recursos e cultiva valores em comum, em detrimento de mais guerra.

Mais uma vez, um desenvolvimento cultural específico que busca promover a paz, a expansão populacional e a prosperidade. Uma estratégia política para a sobrevivência da cultura.

MULHERES E VESTIMENTAS

Esta é uma pergunta que recebo bastante! Afinal de contas, por que as mulheres andam com o corpo mais coberto no Mundo Árabe? Aqui no meu escritório, em Dubai, temos hoje um funcionário sírio que é casado com uma mulher britânica. Ela se converteu ao Islã e, de vez em quando, prefere se cobrir. Por que isso acontece?

Em muitas situações, para a mulher, a roupa funciona como um escudo que a protege de assédios; quando está coberta, um assediador dificilmente tentará se aproximar dela. Não quero dizer, de maneira alguma, que ao não estar coberta ela teria alguma responsabilidade pelo assédio. Jamais! Infelizmente, esse tipo de comportamento execrável acontece em qualquer lugar do mundo; no Mundo Árabe, a cobertura pode ser uma estratégia para evitar o pior e preservar a integridade da mulher.

Já falei em capítulos anteriores que você deve esperar um sinal da mulher para apertar ou não a sua mão no cumprimento. Se ela estiver coberta, é um sinal explícito de que ela não quer nenhum tipo de proximidade – o que inclui o aperto de mão.

Mas também existe uma parcela de fatos históricos nessa situação em particular. O Mundo Árabe tem sua história protagonizada principalmente em regiões desérticas, onde tribos nômades e beduínas precisavam se movimentar com frequência na busca pelos escassos recursos para a sobrevivência. Em especial na região do Golfo Pérsico. No deserto, temos muitas tempestades de areia, e a temperatura pode ser incrivelmente alta durante o dia. E o que isso tem a ver com as vestimentas, sobre as quais falava? Bom, decerto a história influencia diretamente na maneira como nos vestimos. No caso do Mundo Árabe, ela influencia diferentemente homens e mulheres.

Os homens, sobretudo no Golfo, vestem roupas brancas, porque é a cor que reflete mais a luz do sol, esquentando menos os seus corpos – focarei no Golfo para tratar dessa questão; mas é importante lembrar que em países como a Síria e o Marrocos, a título de comparação, costuma ser bem diferente, devido a outras influências culturais, e roupas coloridas e típicas das regiões são mais comuns.

Na região do Golfo, como eu dizia, eles vestem longos vestidos para que o ar circule por dentro, o que não aconteceria se vestissem calças, jaquetas e roupas íntimas justas. Todo o corpo é coberto, para que o suor não saia e ocorra a transpiração. A mesma lógica se aplica à peça de pano branco característica dos homens do Golfo, que protege a cabeça do sol e do superaquecimento. Como é um pano longo, ele pode também ser usado para a proteção do rosto em caso de tempestades de areia.

E quanto às mulheres?

Tradicionalmente, nessas regiões áridas do Mundo Árabe, enquanto os homens buscavam recursos, as mulheres ficavam na tenda, realizando os trabalhos de cuidado e preparando a alimentação. No entanto, o deserto à noite é muito frio!

Durante o inverno, se a temperatura de dia é de 20, às vezes 30 graus Celsius, à noite pode chegar a graus negativos em lugares como a Arábia Saudita.

Como moradoras do deserto, as mulheres também precisavam se proteger usando roupas longas. A diferença é que a roupa das mulheres era preta, justamente para reter o calor do dia e ter uma roupa aquecida para usar à noite.

Por não precisarem sair da tenda durante o dia, o calor que sofriam não era tão feroz quanto aquele que os homens enfrentavam diretamente, permitindo, então, o uso estratégico das roupas pretas.

Ambas as cores e vestimentas permaneceram como resquícios mais culturais que religiosos. No caso das mulheres, na atual configuração social e religiosa, também ganham contornos relacionados à modéstia e à proteção dos perigos fora de casa.

No Mundo Árabe, o uso do *hijab*, o lenço que as mulheres usam para cobrir os cabelos e o pescoço, não é obrigatório. É uma questão de escolha.

Há muitas jordanianas, emiráticas, sírias e egípcias, por exemplo, que não usam. É escolha delas. Também é assim no Brasil, quando as mulheres querem demonstrar mais modéstia ou respeito, seja em ambientes religiosos seja em situações solenes, elas se vestem de modo a mostrar menos o corpo.

Algumas mulheres, como a esposa de outro funcionário meu, usa o *hijab* apenas em feriados religiosos; outras preferem usá-lo em espaços públicos, como prédios governamentais. É algo bastante plural que tem a ver com os valores específicos daquela mulher e suas maneiras de autoexpressão.

Vou te dar um ótimo exemplo para colocar esse assunto em perspectiva.

Digamos que uma mulher de negócios de São Paulo vá visitar uma tribo distante no meio da Amazônia. Nessa tribo, as mulheres andam tranquilamente sem cobrir os seios, o que causa grande estranhamento nessa mulher paulista, acostumada a vestir-se de terninhos e salto alto. Um estranhamento muito similar é o que sentem as mulheres árabes ao observarem as vestimentas cotidianas das mulheres brasileiras, latino-americanas ou europeias.

Se uma mulher dessa tribo quiser fazer negócios em São Paulo, ou entrar em um prédio público, sem estar vestida apropriadamente para o local, isso poderá não ser bem-visto.

Alguns costumes são muito mais sobre a cultura do que qualquer outra coisa.

Da mesma maneira que uma paulista deve respeitar uma nativa amazônica nas particularidades culturais do vestir-se, independentemente se ache bonito ou concorde com as suas práticas, é justo que se aplique o mesmo pensamento quando se fala das mulheres árabes.

A propósito, outra inferência bastante incorreta e muito comum sobre as mulheres árabes é de que elas vivem em submissão e não têm acesso a posições de poder. No Mundo Árabe, existem ministras de Estado, CEOs, famosas empreendedoras, diplomatas, e a tendência é que a presença feminina nesses espaços aumente cada vez mais!

COMO SÃO AS DIFERENÇAS SOCIAIS?

Muitos brasileiros têm uma visão distorcida de que, no Mundo Árabe, a sociedade é organizada de maneira extremamente rígida, como no sistema de castas indiano. Acham que os árabes ricos falariam coisas do tipo "Ah, você é pobre... Não me toque, não fale comigo". Entretanto, tal percepção está bem distante da realidade!

Vamos imaginar um árabe bem rico, bilionário, como um príncipe saudita. Pesquise na internet, se quiser, e me diga: que roupas ele está vestindo? Eu te digo, com certeza, que ele estará, basicamente, de vestido branco e lenço vermelho na cabeça. Agora, pesquise sobre os homens de classe média da Arábia Saudita, o que eles vestem? Digo novamente sem medo de errar, eles estarão com o mesmo vestido branco de mangas longas e o mesmo lenço na cabeça. Obviamente, a roupa muda de um país para outro dentro do Mundo Árabe, mas a ideia é a mesma para todos: rico e pobre vestem-se iguais.

> **No Mundo Árabe, você não nota a diferença de posses entre eles. Rezam todos lado a lado, sem distinções.**

Então, se você quiser fazer negócios com o Mundo Árabe, precisará compreendê-los para além dos olhos ocidentais, treinados para o preconceito.

Dificilmente um árabe saberá do que se trata uma sociedade de castas. E quer saber de outro aspecto que os torna ainda mais próximos? Está escrito no Alcorão que, uma vez ao ano, o mulçumano deve fazer uma peregrinação até Meca, capital do Islã. A cidade fica dentro de Jeddah, na Arábia Saudita.

Lá, o príncipe dos Emirados Árabes, o rei da Jordânia e o faxineiro usam as mesmas roupas, e não é permitido nenhum tipo de acessório como blazers, relógios, nem mesmo sapatos. A pessoa deve vestir o pano branco, se for homem, e o preto, se for mulher, e apenas isso, pelo tempo que permanecer por lá. Nem carros podem ser dirigidos durante a peregrinação.

Ainda mais interessante é que você deve se desfazer dos seus pertences no aeroporto, antes de embarcar para Meca, ou, se for por via terrestre, fazê-lo alguns quilômetros antes de chegar, para que ninguém te veja com outros objetos.

Isso não quer dizer que, no dia a dia, a riqueza não seja celebrada. Nem todos os países árabes são ricos, mas os brasileiros têm essa impressão generalizada de que eles são. Os imigrantes árabes no Brasil atravessaram o oceano sem nada e fizeram grandes riquezas no país; isso porque os árabes são negociantes por natureza. Em todo lugar que vão, abrem, no mínimo, uma lojinha, pensando sempre em expandir a partir daí.

O árabe gosta de trabalhar com a família, fazer negócios,

ser um empreendedor – não é muito fã de ser empregado.

Essa percepção de riqueza também advém do fato de que muitos árabes são extremamente ricos, em especial na região do Golfo Arábico. O Qatar, por exemplo, tem o maior produto interno bruto (PIB) per capita do mundo, enquanto a Arábia Saudita possui uma das maiores produções de petróleo. Essa parte do mundo é mesmo muito rica.

Os países do Golfo, juntos, compõem os maiores fundos soberanos do mundo, uma das maiores reservas financeiras que existem está no Mundo Árabe. E, é claro, eles também são muito bons no marketing de suas riquezas! Acreditam que mostrar riqueza atrai mais riqueza. Bem, não sei o que você, leitor, pensa sobre isso, mas é certo que a estratégia deles tem sido muito bem-sucedida!

Independentemente da riqueza, os árabes costumam ser pessoas muito simples, tanto que gostam de sentar-se no chão e comer com as mãos.

Inclusive, você nunca verá um árabe pedindo um prato apenas para si mesmo, caso estejam tendo uma refeição em um restaurante. Aqui tudo é dividido.

Sobre isso, já aconteceu algo peculiar comigo a respeito desse costume específico. Tenho um meio-irmão que é inglês, vive na Inglaterra e, quando veio para Dubai da última vez, fomos a um restaurante com a minha mãe e alguns amigos.

Eu estava finalizando o pedido para todos, ocasião em que meu irmão interrompeu, perguntando "Espera, e quanto a mim?". Respondi que estava pedindo para todos, mas ele insistiu "Não, quero um prato para mim". Os árabes à mesa acharam muito estranho ele pedir um prato individual!

Aqui, todos estão acostumados a dividir os pratos; o que está na mesa é de todo mundo. Os árabes costumam ser extremamente comunitários, humildes e apreciadores de sentar-se na companhia dos amigos e degustar uma refeição conjuntamente.

Preste atenção! Se você quer fazer negócios com árabes, entenda que dividir é cuidar; o compartilhamento é um valor muito caro a eles.

Nunca se sente com um árabe e peça um prato para você; de preferência, deixe-o escolher o prato que ambos comerão. Também não é educado pegar o cardápio e sair pedindo um monte de coisas. Deixe-o guiar o momento. Sem falar que, geralmente, quem convida é quem paga.

QUEBRANDO MINHAS FRONTEIRAS

Como cresci no Mundo Árabe, é difícil expressar algum choque cultural ou o desfazer de mitos, uma vez que não tive a chance de alimentá-los. Isso porque vim muito jovem, em um tempo em que pouco ou quase nada se falava sobre essa região do mundo. Ademais, a convivência próxima com pessoas árabes, desde a infância, fez que eu desenvolvesse por elas um olhar muito afetuoso, que me sentisse quase como um deles, de tão bem recebido que fui. No entanto, quando me mudei com a esposa brasileira e os filhos para Dubai, pude presenciar, com a mente de um adulto maduro, os desafios e as nuances desse processo de adaptação cultural. Não mais como menino, eu voltava como pai de família e profissional estabelecido, e sabia que as coisas podiam ser bem diferentes. É claro que fiz questão de ensiná-los tudo que havia conhecido durante a infância e a adolescência. Seus ouvidos sempre foram tomados pelas histórias das minhas andanças por esse mundo que tanto me abraçou e fascinou.

Nos primeiros meses, percebi que a minha esposa não se sentia à vontade ao vestir as roupas curtas, decotadas ou com ombros à mostra, tão habituais no cotidiano das mulheres brasileiras. Ela poderia se vestir como quisesse, mas se sentiu inibida diante dos costumes das mulheres locais, da *abaya* (vestido preto que cobre todo o corpo, menos o rosto, pés e mãos, típicos das mulheres emiráticas), do véu, das roupas mais fechadas. Ela se incomodava com a aparente submissão das mulheres, apesar de não ter tido, ainda, contato mais próximo com nenhuma.

Algo que realmente marcou sua fase de adaptação foi o relacionamento que estabeleceu com as mães de outras crianças na escola da nossa filha. Na porta da saída, ela percebia que a maioria das mães vestia a *abaya*, o que a perturbava pelo contraste que evidenciava com a sua própria cultura e vestimentas.

A nossa filha também teve dificuldades. Não havia encontros entre pais e crianças juntos, pois dificilmente as emiráticas ficam em um ambiente com homens que não sejam da família.

Busquei conversar com minha esposa para compreender melhor seus sentimentos. Àquela altura, ela confessou que as diferenças acabavam por isolá-la. O seu olhar começou a mudar quando ela passou a participar de encontros culturais, conviver com mulheres emiráticas, ouvir seus relatos, conhecer suas rotinas, seus relacionamentos com família, amigos, casamento e seu lugar na sociedade.

Entendeu, por fim, que não existia essa tão propagada submissão. Que o dia a dia é muito mais dinâmico e flexível do que se possa pensar; ela percebeu que o ambiente familiar era muito parecido com o que conhecíamos no Brasil e que o empoderamento feminino é real e crescente.

Hoje, bem adaptada, ela chegou à conclusão de que em nenhum momento sofreu algum tipo de repressão; ao transpor as fronteiras e os medos, ela passou a se sentir mais à vontade com as outras mulheres e a estabelecer grandes amizades.

Inclusive, a maior parte das amigas que ela tem aqui em Dubai é árabe! "Quem te viu, quem te vê", digo a ela.

Isso é o que se ganha com o exercício da empatia, da desmistificação de preconceitos e da dedicação em fazer parte de uma cultura, que, no fim das contas, é muito acolhedora. O Mundo Árabe tem uma força irresistível, e as preciosas amizades que você encontra por aqui fazem valer, com folga, toda dificuldade que inicialmente possa ocorrer!

Minha esposa, com ou sem véu, sente-se empoderada no Mundo Árabe, onde a liberdade de escolha é dela. Desmistificando estereótipos, ela, como todas as mulheres aqui, pode mostrar a beleza e a força de sua própria história.

ALARGA TUA TENDA

"Minha missão em Dubai era iniciar o contato de uma empresa brasileira de materiais médicos com o Mundo Árabe. Como libanês de pai e mãe, sempre visitei o Líbano, mas nenhum outro país árabe; não sabia o que esperar.

Rafael não só me recebeu em Dubai como me apresentou um universo novo e extremamente empolgante.

Pude, em poucos dias, transformar completamente tudo que imaginava sobre Dubai, os negócios na área da saúde e principalmente encontrei por meio do Rafael uma oportunidade de praticar a medicina em alto nível com uma tranquilidade que há muito tempo não via nos países da América.

Tive o prazer de transformar tudo que imaginava sobre Dubai e assim considerá-la realmente um oásis no deserto, oásis de oportunidade, correção e investimento de vida.

Obrigado por essa oportunidade, Rafael Solimeo!"

Dr. Assad M. Sassine,
cirurgião cardiovascular.

CAPÍTULO 5

O OLHAR PARA A CULTURA

O bom contador de histórias é aquele que consegue transformar os ouvidos de alguém em olhos.

◇◇◇◇◇◇◇◇◇◇◇

"A tradicional vestimenta para homens é a Kandoura *com* Hamdanyiah *ou* Essabah. *Para as mulheres, é o* Mokhawar. *E o costume mais tradicional é o jantar em família na sexta-feira e o* Iftar *na casa do membro mais velho da família no primeiro dia do Ramadã."*

Por Mohammed AL Kaff, de Abu Dhabi,
nos Emirados Árabes Unidos

Parabéns! A esta altura do livro, você, leitor, já sabe mais sobre a cultura do Mundo Árabe que a grande maioria dos brasileiros!

Abordei, até então, aspectos da história e da cultura árabe que entendo como de suma importância para possibilitar uma aproximação eficaz com potenciais parceiros árabes de negócios. Já os ensinamentos deste capítulo, estão voltados para a compreensão da cultura no que se refere mais precisamente aos negócios e à sociabilidade nesse ambiente. O que esperar? Quais são as melhores práticas para aumentar as chances de uma parceria firmada?

Antes de qualquer coisa, é importante saber que os árabes são, de maneira geral, pessoas muito orientadas socialmente. Não hesite em exercitar as suas habilidades sociais quando estiver na companhia deles! Lembre-se, no entanto, de que eles não são os seus amigos brasileiros. Esteja atento às especificidades da cultura árabe em todos os momentos, até que se torne natural observá-las na prática; para eles, isso é sinal de consideração e respeito e contará muitos pontos a seu favor.

A CULTURA AO VESTIR-SE PARA AS REUNIÕES

Anteriormente, dissertei sobre as vestimentas apropriadas para brasileiros e brasileiras que buscam fazer negócios no Mundo Árabe. Quanto às vestimentas das pessoas árabes, se estiver nos países do Levante ou do norte da África, você pode esperar que eles usem as roupas comuns do mundo ocidental para ocasiões de negócios, como terno, calça e camisa.

Já no Golfo, os moradores locais costumam usar as roupas típicas. É comum que usem, também, o lenço quadriculado – ou apenas branco – na cabeça, o *ghutra*, no caso dos homens; e o lenço preto, *shayla* ou *hijab*, no caso das mulheres.

Vou enfatizar um aspecto já mencionado anteriormente, mas muito importante de ser lembrado: quando vai fazer negócios, o homem costuma arrumar o lenço de uma forma específica, em formato de "V" na parte de cima. É uma pequena dobra feita para demonstrar que ele está pronto para negociar. Geralmente, eles não vestem as roupas típicas fora do Mundo Árabe. Entretanto, sugiro aos brasileiros que não se vistam com as roupas típicas nos países do Mundo Árabe, porque não é algo bem-visto. É o equivalente a uma pessoa gaúcha usar o turbante das baianas do acarajé, na Bahia. Ou, você não sendo indígena, vestir-se como um em uma reunião em São Paulo.

Ainda quanto aos códigos de vestimenta, não recomendo a utilização de acessórios religiosos. Eles são muito tolerantes com outras religiões; não há impedimento algum, no campo dos negócios, se você tiver outra fé. Porém, como sinal de respeito, sugiro que deixe sob a camisa ou guarde para outra ocasião crucifixo, guia ou outro símbolo religioso.

Outra coisa interessante é que é muito raro ver um árabe ou um muçulmano com tatuagens. Aqui, tatuagem é considerado *Haram*. Por quê? Porque, ao se tatuar, você está, tecnicamente, machucando o seu corpo por motivos de vaidade. Hoje em dia, já é uma prática mais aceita, mas, ainda assim, recomendo que as oculte sob as roupas, se você tiver alguma, para evitar mal-entendidos. Até porque, vir aqui como turista é uma coisa... mas fazer negócios com árabes é outra completamente diferente.

A CULTURA ANTES DAS REUNIÕES

Lembre-se de evitar agendar reuniões on-line. A cultura árabe, por valorizar bastante o contato humano, não é muito fã de reuniões nesta modalidade. Pode ser que, sugerindo algo assim, você perca as suas chances de negócios.

> **Vá até onde está a pessoa árabe com quem pretende negociar! Essa atitude melhorará muito as suas chances de sucesso.**

Assim que chegar ao país árabe, não importa qual seja, compre, o quanto antes, um chip local, para que você consiga utilizar o seu telefone. Comprou o chip? Passe o novo número para os seus contatos no país árabe. Se você chegou à noite e a sua reunião está marcada para o dia seguinte, ligue para confirmá-la; de preferência, horas antes.

É muito comum que o árabe acabe se distraindo e marcando outra reunião no mesmo horário, ou até se esqueça de que marcou com você. Na ocasião da ligação de confirmação, é importante também que você peça ao assistente que compartilhe, por meio do WhatsApp, a localização do escritório.

"Qual é o sentido disso, Rafael? Já não terei o endereço?" Bem, sim, mas o que você talvez não saiba é que existe uma particularidade do Mundo Árabe quanto aos endereços. Você não receberá um endereço detalhado, como *"Rua Amador Bueno, n. 26".*

Muito provavelmente, a resposta que você receberá será algo do tipo: "Meu prédio fica em tal bairro, na frente de tal mesquita... ou ao lado do fórum, atrás do autódromo". Então, pegue seu chip, confirme a reunião, peça a localização e, dentro do táxi ou do veículo de aplicativo, acompanhe a movimentação na direção do seu destino. Abra a localização compartilhada e fique conferindo até chegar.

Dependendo do país, será muito improvável que você encontre um motorista que fale inglês. Por isso, friso a importância de estar com a localização ativa e uma boa conexão de internet. Você não vai querer perder, por detalhes, a oportunidade que te fez atravessar o mundo para buscar! Siga esses passos a fim de garantir sua chegada ao local correto, no tempo certo.

Aliás, qual é o significado de "tempo certo" no Mundo Árabe? Não é interessante chegar cedo na sua reunião, mas também nunca chegue atrasado! Enfatizo que chegue pontualmente ao seu compromisso, pois esse aspecto é de suma importância. Tenha em mente os imprevistos ao planejar o seu horário de sair do local de partida, principalmente pela questão dos endereços imprecisos.

Para minimizar a possibilidade de atrasos, organize-se para chegar à reunião cerca de 30 minutos antes do combinado. Mas não invente de se apresentar antes do tempo; use a folga para esperar no lobby

> do hotel ou do prédio, encontre
> um café e relaxe. A antecipação é
> tão malvista quanto o atraso!

A CULTURA DURANTE AS REUNIÕES

Presumivelmente, você será direcionado por algum assistente para a sala de reuniões. Ao entrar na sala típica, com sofás dispostos em formato de "U", chamada de *Majlis*, você terá de esperar pelo anfitrião; o cordial é que ele chegue depois. E onde você vai se sentar? Nunca escolha uma das pontas do sofá! Sente-se no meio, caso haja uma mesa retangular.

Se estiver acompanhado de duas pessoas, por exemplo, sente-se no meio delas, supondo ser você o responsável pela negociação. Quando o anfitrião chegar, ele se sentará do lado oposto, na sua frente, por reconhecer em você a autoridade. Quem está sentado no meio é tido como o superior na ordem hierárquica da empresa.

Os árabes não gostam que você comece a reunião apresentando uma lista de preços de produtos ou serviços – isso nunca pode ser feito! Mantenha consigo um documento com tudo que você precisa comunicar, mas entenda que o fundamental é a conexão pessoal que vocês formarão.

> A honra, no Mundo Árabe, é
> mais importante do que os fatos.
> Eles acreditam em pessoas, não
> nas instituições. É um povo que
> valoriza as emoções e as pessoas.

Você pode até ser parte de uma grande e respeitável instituição, apresentar números de bons resultados, mas o que mais pesará para uma negociação bem-sucedida será o bom relacionamento baseado no compartilhamento de princípios.

Para que esse relacionamento possa ser desenhado, todavia, alguns aspectos se sobressaem. A hierarquia é um deles. Ao se apresentar, diga quem é você e a sua hierarquia. "Sou executivo de negócios, estou responsável pela empresa tal", ou "A empresa tal me contratou para...". Não tem problema se você não tiver um alto cargo, mas deixe claro que você fala em nome do dono. "Eu sou analista de negócios, mas o CEO me mandou aqui para falar com você, porque é muito importante para nós."

A apresentação inicialmente deve ser sobre você, não sobre a empresa. Quem é você? De onde você veio? Quem é você na empresa? Ele precisa saber com quem está prestes a negociar. "Olá, meu nome é Rafael. Eu estudei isso, faço aquilo...", é como eu diria.

A educação tem muito valor para o árabe; no mundo árabe, a sua profissão costuma ser um título, que, preferencialmente, consta no seu cartão de visitas. Você receberá cartões como "Eng. Rafael Solimeo", entre outros. E se você tem um mestrado, doutorado, pós-graduação... inclua sempre a titulação na sua apresentação!

Eles gostam de quem tem experiência; portanto, quanto mais tempo de empresa ou de ocupação você tiver, melhor.

Os árabes buscam sempre o maior e melhor. O que no seu projeto

existe de maior e melhor? A sua empresa tem tempo de mercado? Um produto único? Evidencie as potencialidades do que tem a oferecer!

Os árabes costumam ser muito visuais; portanto, um vídeo institucional vale mais para o seu propósito de impressionar e demonstrar os diferenciais da sua empresa que uma apresentação falada. Considerando o vídeo, trate de legendá-lo em inglês e em árabe. Já vi muitas empresas despreparadas, apresentando vídeos em português, deixando o árabe sem entender nada.

É provável que, conforme a reunião vá se alongando, o alarme do celular da pessoa árabe dispare para lembrá-la de rezar. Os muçulmanos costumam rezar cinco vezes ao dia. Pode acontecer de ela interromper a reunião e sair por alguns minutos para cumprir com sua obrigação. Não se preocupe, ela voltará rapidamente!

É de suma importância que você não acelere o seu comprador; antes, esforce-se para deixá-lo à vontade quanto ao ritmo. A duração da reunião, como mencionei em um capítulo anterior, é imprevisível, e tende a demorar muito mais do que se espera inicialmente. Aconselho que programe, no máximo, duas reuniões por dia. Uma pela manhã e outra à tarde. Desse modo, você evitará a péssima situação de dizer que precisa ir embora se ele te convidar para um almoço, por exemplo. O árabe quer conversar, entender você, falar sobre a família, a empresa, o produto, e isso faz a reunião durar mais do que o que ocorre em geral no Brasil.

A melhor saída é sempre dizer "sim" para o que lhe for oferecido ou proposto. Nunca recuse abertamente um convite! A propósito, não é educado dizer "não" em hipótese alguma, a forma mais educada de dar uma negativa é dizer "se Deus quiser", em árabe, *Inshallah!*" – mas você não vai querer dar negativas ao seu amigo árabe, sob pena de prejudicar seriamente o andamento das negociações.

Se você tiver a honra de ser convidado para compartilhar uma refeição como desdobramento da reunião, saiba que é o árabe quem comandará em todos os momentos, desde a escolha do restaurante, passando pela escolha dos pratos e finalizando com o pagamento da conta.

Diferentemente do que acontece no Brasil, é desrespeitoso "rachar" ou dividir a conta. Você também não deve insistir e fazer questão de pagar sozinho! Uma vez que ele convidou, ele paga e também escolhe tudo.

Entre amigos, é comum que haja um revezamento sobre quem pagará a conta. Contudo, nos negócios, aqui, a regra é clara, quem convida paga; o convidado não deve nem mesmo tocar no menu. Na sua vez de convidá-lo, ele esperará o mesmo de você. A reciprocidade é a alma das relações no Mundo Árabe.

Quando for a sua vez, certifique-se de perguntar o que ele gosta de comer e faça o pedido; se quiser parecer ainda mais elegante, pague a conta antes que ela chegue à mesa, sem que ele veja. Volte e chame-o para ir embora. "E a conta?", ele deve perguntar. "Já está paga!". Com certeza ele admirará a sua atitude e pensará que deve valer a pena fazer negócios com você.

A confiança é tudo no Mundo Árabe. Dê o seu melhor para transparecer sinceridade e boas intenções. Se você se encontra em uma situação em que surge alguma dúvida, opte pela honestidade.

"Olha, eu preciso checar esses dados e volto com a resposta mais tarde." Se não sabe, não invente. Diga que não sabe e retorne depois, é muito mais seguro do que mentir e ser descoberto posteriormente. Ademais, esteja bem preparado! O árabe não vai querer papo com alguém que não tem segurança sobre o próprio negócio ou a empresa onde trabalha.

A CULTURA NO FECHAMENTO DOS NEGÓCIOS

Mais que uma venda, a dica de ouro é propor parcerias! Parcerias são muito mais interessantes para o árabe que apenas uma venda. Ele pode pensar: "mas o que eu vou fazer com esse produto?!". Ao propor uma parceria, você o envolve no seu negócio, e as possibilidades se expandem para ambos.

"Vamos fazer uma parceria? Como você acha que devemos fazer isso? Eu quero muito colocar as minhas esmeraldas no Kuwait"; "Estou com um café grão verde, você acha que eu devo fazer um blend no Kuwait ou no Brasil?"; ou, ainda, "Há alguma coisa que possamos fazer juntos? Posso montar minha empresa aí com você?".

"Como podemos trabalhar juntos?" e "O que você acha?" são praticamente frases mágicas que vão transformar o que ele está visualizando em um projeto!

Evite tirar fotografias e gravar vídeos na sala de reuniões. Não olhe demais para o celular. Foque a pessoa à sua frente, falar com ela e aproveitar sua chance de conexão. Olho no olho e sorriso!

O ideal é que, quando terminar a reunião, gentilmente sugira que você gostaria de gravar esse momento tão importante entre os dois. Aqui no Mundo Árabe, normalmente as empresas gostam de deixar várias decorações nas recepções, exibindo troféus, bandeiras e fotos de parcerias. Este é o local ideal para chamar o anfitrião para um registro ao final da reunião.

Para finalizar: após o início das negociações, não delegue a sua conclusão para outra pessoa. "Ah, mas eu quero mandar esse fulano embora...". Certo, mas se foi fulano quem visitou o possível parceiro árabe, mande-o embora apenas após concluir a negociação e vender o seu produto! Trocar a pessoa responsável no meio da negociação é malvisto e gera desconfiança.

◇◇◇◇◇◇◇◇◇◇◇

QUEBRANDO MINHAS FRONTEIRAS

Esta é uma história sobre a importância de seguir os próprios conselhos!

Certo dia, estava nos Emirados Árabes e recebi uma solicitação urgente para acompanhar uma delegação brasileira muito importante que ia visitar o Bahrein, país árabe vizinho dos Emirados, dentro de alguns dias.

Pedidos de última hora são muito frequentes nas negociações com o Mundo Árabe; então, aceitei o chamado e comecei a me preparar. A equipe e eu trabalhamos para construir a agenda da delegação e a articulação com os contatos que ela gostaria de fazer. Tivemos aproximadamente dois dias para organizar toda a visita.

No sábado, peguei um voo até o Bahrein, para no domingo de manhã iniciarmos as reuniões. Em boa parte do Mundo Árabe, aliás, domingo é dia útil.

A primeira reunião foi em um banco muito importante do país. Como marquei várias reuniões em um mesmo dia, devido ao tempo muito reduzido da delegação, pensei que poderia tentar antecipar a primeira reunião. Estava marcada para 9h30; a propósito, horário muito cedo para os árabes.

Não me atentei para a distância; o relógio marcava 8h45 quando saímos com a delegação. Descobri que o banco ficava a apenas dois quarteirões! Nem precisamos da van que nos transportaria. Chegamos lá rapidamente; portanto, bem mais cedo que o horário combinado.

Sem honrar a minha regra de chegar antes, porém, aguardar no lobby o horário correto antes de anunciar, me dirigi à recepção e anunciei logo a nossa chegada, tomado pela possibilidade de adiantar a agenda e desafogar o dia.

Para a minha surpresa, a recepcionista foi bastante simpática; disse que o responsável nos encontraria e nos direcionou à sala de reuniões. Achei muito estranho, pois no Mundo Árabe nada acontece com antecedência; em geral, os compromissos ocorrem no horário ou depois. Mas fiquei feliz que pudemos fazer a reunião mais cedo, especialmente pelo fato de a agenda estar muito apertada.

Subimos para a sala de reunião, acomodamo-nos à mesa e, como é de praxe, fomos servidos de tâmaras e café. Às nove em ponto, entrou na sala um homem trajado com a roupa típica do Golfo, a *kandura*. Todos apertaram as mãos e entregaram a ele os seus cartões. Ele disse que estava sem cartões e sentou-se à nossa frente.

Eu comecei a reunião. Expliquei, de início, quem eu era e quem eram as autoridades brasileiras. Introduzi as minhas qualificações, o meu trabalho e a Câmara de Comércio Árabe-Brasileira. Como bom intermediador de negócios que sou, introduzi as intenções das autoridades e intermediei o contato entre elas e o responsável do banco.

Após uma grande introdução e momentos para quebrar o gelo, as autoridades brasileiras começaram a mostrar os seus projetos, os seus planos de investimentos e formas de parceria. A conversa se estendeu até as dez, quando alguém bateu à porta.

Eis que entrou outro *bahreini*, com as mesmas roupas típicas. Depois dos cumprimentos, ele pediu desculpas pelo atraso. Abraçou o outro homem, que foi embora sem maiores explicações, virou-se para nós e disse: "Vamos começar?".

Isso foi muito cômico, pois já estávamos há uma hora apresentando! Pensamos que estávamos vivendo uma exceção à regra de esperar a hora certa para anunciar a nossa chegada, mesmo já sabendo dessa característica específica das pessoas árabes.

Resumo da ópera: apresentamos tudo de novo, o que terminou por atrasar todas as próximas reuniões do dia, criando uma bola de neve de atrasos. Fiquei chateado por não ter seguido à risca as minhas próprias regras, que já tinham se provado bem-sucedidas tantas vezes! Porém, essa situação serviu como lição para reforçá-las ainda mais no que pratico e no que ensino. Por isso, querido leitor, não invente moda quando estiver nesse tipo de situação no Mundo Árabe, porque pode ser muito arriscado para os seus negócios!

Honrado com o convite para palestrar na maior missão empresarial brasileira já realizada para um país árabe, liderada pela Confederação Nacional da Indústria em 2021, em Dubai.

O cavalo árabe é mais do que uma paixão para o povo da Arábia Saudita, é uma herança viva que simboliza a nobreza, a beleza e a tradição profundamente enraizadas em sua cultura e identidade.

ALARGA TUA TENDA

"Visitar Dubai, Abu Dhabi... é certeza de admiração... mas o encantamento e o desejo de retornar o quanto antes só existiram depois que esse ser extraordinário, Rafael Solimeo, nos apresentou essas cidades.

Conhecer pontos marcantes pelo olhar do Rafael fez toda a diferença! Tivemos contato com hábitos e filosofias in loco ao tomarmos um delicioso café árabe na residência do sobrinho de um príncipe! Experiência que só o Rafael nos proporcionaria. Um privilégio!

Sou de família árabe e, ao retornar de Dubai e Abu Dhabi, meu orgulho e amor pela cultura se fortaleceram; e, quando visitar novamente, seguirei cada passo que esse amigo indicar, pois não há ninguém melhor do que ele para apresentar as maravilhas dessa terra em constante evolução! Gratidão infinita!"

Nadja Haddad,
jornalista e apresentadora de televisão.

ARABIZAÇÃO DOS NEGÓCIOS

CAPÍTULO 6

ADAPTAR PRODUTOS E SERVIÇOS PARA ENCANTAR

Ou faz como teus vizinhos fazem, ou muda de casa.

◇◇◇◇◇◇◇◇◇◇◇

"Para mim, como muçulmana, é muito importante que a carne tenha certificação Halal; *mesmo quando viajo com meus amigos, a maioria de nós verifica a origem da carne e, se tiverem suspeitas, comemos peixe ou ficamos satisfeitos com pratos vegetarianos. Quanto aos demais produtos, verifico se contêm colágeno, gelatina ou qualquer componente animal. Nesse caso, verifico a sua origem, se é halal ou não."*

Por Layal El Ghaddaf, de Byblos, no Líbano

Dizem por aí que "gosto não se discute", e eu complemento a frase afirmando que "gosto se compreende". Para vender ao Mundo Árabe, você precisará compreender bem os gostos que envolvem o consumo do seu produto, para, então, conseguir adaptá-lo e fazer sucesso!

Já trouxe empresários brasileiros de vários ramos para conhecer as possibilidades de negócios do Mundo Árabe; dentre eles, vários do ramo da construção. Os meus objetivos residiam em familiarizá-los com os produtos locais e fazê-los ponderar sobre adaptações possíveis para os seus produtos. Acompanhei pessoas que vendiam itens dessa área, como portas. Na moda brasileira, as portas costumam ser bem *clean*, sem muitos detalhes e cores, costumeiramente pintadas de branco, com maçanetas pouco elaboradas... parece-lhe familiar? Entretanto, uma porta pintada de branco não é considerada atraente como produto para os árabes. Simplesmente não faz sentido para eles, assim como a maçaneta lisa! "Sua maçaneta é simples, cadê os desenhos nela?" O metal prateado, material bastante comum nas maçanetas no Brasil, também não é bem-visto por aqui. "Tem que ter uma maçaneta dourada!", um árabe te diria sobre a porta de sua casa.

Quando nos voltamos para as paredes, mais uma vez, uma parede toda lisa, ou ainda por cima branca? Não! "Cadê os seus tapetes?", "Cadê as cores?", seriam os comentários de todos os árabes. Demonstrar honra, orgulho e riqueza por meio dos objetos do cotidiano faz parte da cultura deles. No Mundo Árabe, a falta de elaboração nos adornos e cores denota pobreza; já o contrário, opulência.

A arabização é o processo de adaptação aos mercados árabes, pelo qual o seu produto e os seus serviços precisam passar para serem competitivos e interessantes em tais países.

Uma empresa que está acostumada a vender portas para o público brasileiro não pode pegar o seu catálogo e trazer amostras exatamente iguais àquelas que vende no Brasil, esperando vender também para o público árabe.

É importante deixar claro uma questão imprescindível: não tema, não é preciso gastar rios de dinheiro para fazer o seu produto ter mais valor agregado para o público árabe; usando a situação que comentei, a porta não precisa ter um custo maior para ser adaptada, por exemplo. Ter uma maçaneta dourada não significa banhá-la em ouro, mas atender a uma demanda; entre um metal pintado de dourado ou prateado, as diferenças de custos em alguns casos nem mesmo existem.

Ao deixar de pintar a porta de branco para vendê-la ao natural, e logo, mais interessante para os árabes, você economizaria com a pintura, tendo o custo apenas do verniz. O desenho e o molde da sua porta seriam os mesmos! A lição aqui é que adaptar um produto para o mercado árabe não implica necessariamente um custo maior.

Faz parte de "arabizar" o seu produto entender que se trata de um mercado diferente, com demandas diferentes, envoltas em significados diferentes. Seja qual for o produto que você quer colocar no mercado árabe, ele precisará ser arabizado com base em um estudo prévio.

A leitura deste livro, do começo ao fim, certamente é um ótimo passo para compreender mais da cultura árabe, das suas formas de negociação e necessidades enquanto clientes e parceiros. Entendê-los para atendê-los!

Venha aprender a arabizar para encantar!

ANTES DE TUDO, VENHA PARA CÁ

Se você for despreparado para o Mundo Árabe, com um produto que não se encaixa em nada na cultura deles, tenha certeza de que não vai conseguir vendê-lo.

Vá para as localidades do Mundo Árabe onde você pretende vender o seu produto; observe, pergunte, procure entender o mercado para adaptar com sucesso o que você tem a oferecer!

Antes de trazer a porta, por exemplo, venha para cá e faça direitinho o seu trabalho de pesquisa! Como são as portas aqui? No que elas diferem daquelas vendidas por você? Como isso se relaciona com as práticas culturais do povo? Como você pode deixar o seu produto mais semelhante àquele que já é consumido no local, porém, resguardando as suas características únicas?

Volte para casa, adapte o seu produto... digamos, adaptando a sua maçaneta de alumínio prateado com uma pintura dourada e deixando de pintar a porta de madeira com branco. Use seu potencial de criação adaptativa, o processo de criar algo com base em uma criação preexistente. Traga o produto arabizado, seguindo todas as dicas que dou sobre como negociar com o Mundo Árabe, que as suas chances de bons negócios aumentarão exponencialmente!

"POR QUE É TÃO BARATO? SERÁ QUE É BOM?"

Outro fator a levar em consideração é que a arabização pode também fazer parte do posicionamento de preço da marca.

O Mundo Árabe, especialmente na região do Golfo, é um local que concentra pessoas de altíssimo poder aquisitivo. Portanto, se você possui um produto a preço popular e médio, no Brasil, certamente precisa subir a sua precificação para se enquadrar ao mercado árabe.

O público médio do Golfo, ao se deparar com um produto muito barato, vai certamente questionar: "É barato assim por quê? Será que é bom? Não sei se eu confio não. Será que é pirateado?".

Em sua primeira visita ao Mundo Árabe, atente-se para os preços dos concorrentes e a qualidade dos produtos vendidos, para fazer a equivalência aos seus produtos e precificá-los adequadamente.

VÁ ALÉM DO SEU GOSTO PESSOAL

Veja bem esse caso. O hotel Burj Al Arab, em Dubai, foi o primeiro no mundo a preencher os critérios para possuir sete estrelas – além das cinco convencionais. É um dos hotéis mais famosos do mundo. Como você acha que é um quarto lá? De quais cores são os tapetes?

Se você pensou que era tudo branco ou no aspecto *clean*, minimalista, se enganou. Lá, as paredes, portas e tapetes são lilases, roxos, azuis. Eles gostam muito de cores fortes. Também possui várias paredes douradas, cheias de papel de parede. Carpete roxo com tapete em cima, sofá de veludo etc.

Ah, mas você, por acaso, não gosta desse estilo?

Entenda que arabizar é fazer algo pelo mercado, e não por você!

"Ah, mas eu gosto do meu produto assim..." Não gostar ou gostar de alguma questão específica do produto é um direito todo seu, mas se você apresentar um produto baseado apenas nas suas preferências e nas do público brasileiro, não vai fazer negócios no Mundo Árabe, isso é fato!

ATENÇÃO ÀS ESTRATÉGIAS DE MARKETING

Além dos exemplos dados, é possível arabizar também no marketing e nos materiais de propaganda.

Certa vez, fui acompanhar representantes de uma marca brasileira em uma feira de negócios no Sudão. Eles trouxeram o catálogo traduzido do português para o inglês, e acharam que isso era arabizar o suficiente. Se essas pessoas, de fato, quisessem arabizar o material, teriam traduzido não apenas para o inglês, mas também para o árabe.

As pessoas dão os mais variados motivos para justificar a sua falta de atenção com as especificidades culturais que devem ser observadas na adaptação dos produtos.

A regra é clara: não arabizou, perdeu vendas. Arabizou, as vendas disparam. Adequar seu preço, produto, marketing e estratégia... tudo isso é arabizar.

"POR QUE ME MANDOU TÃO RÁPIDO?"

Você não pode querer retornos tão rapidamente, muito menos pressioná-los nesse sentido. Como já mencionei ao longo do livro e enfatizo novamente, o árabe tem um tempo diferente para fazer negócios, que costuma ser mais estendido. Primeiro, ele precisa conversar longamente, entender quem você é, de onde veio e qual é o seu produto.

Se você aborda um árabe com uma apresentação apressada da sua empresa, lista de preços ou materiais, é sinal de que você não conseguiu arabizar as suas estratégias.

Abordou o cliente árabe com pressa e afobação? Mandou a lista de preços de maneira antecipada? Ele talvez pense: "Opa, por que esse cara está mandando essas listas de preço? Por que mandou tão rápido? Não vamos nos conhecer primeiro?". Provavelmente terá esse cliente ou parceiro perdido por falta de arabização dos processos de vendas!

É a mesma lógica de estar saindo pela primeira vez com uma pessoa que você vem considerando para um relacionamento e ela passar dos seus limites, sendo invasiva e apressada! Ela pode perder pontos com você ou mesmo não ser mais uma opção. Portanto, tenha cautela e construa primeiro a confiança da pessoa árabe!

ENCANTE SEM PERDER A AUTENTICIDADE

Como você pôde perceber ao longo do capítulo, a arabização envolve vários fatores, como demarcação de preço, posicionamento de mercado, propaganda, marketing e comercial.

Uma empresa que tenha real interesse em negociar com o Mundo Árabe não pode só pensar em fazer do produto interessante, mas envolver também toda a organização no processo de adaptação. Isto é, a pessoa da área de informática precisa ser arabizada, a pessoa do financeiro, a pessoa do comercial, do marketing, toda a equipe. Assim, com todos envolvidos nesse propósito, as chances de deixar passar alguma incongruência que prejudique as negociações são muito menores. Por exemplo, o funcionário responsável pela lista de preços vai mandar essa lista como? Em inglês? Português? Árabe? E a funcionária do marketing está ciente das especificidades ao se fazer negócios com o Mundo Árabe, e no que isso implica quanto às estratégias que devem ser aplicadas?

Arabizar todos os setores da sua empresa vai fazer da sua negociação um sucesso, sem que isso traga prejuízos para a autenticidade da marca que representa!

Você perde a autenticidade quando arabiza apenas um setor da empresa ou aspecto da negociação. "Ah, você quer uma porta com uma maçaneta dourada? Aqui está", mas deixa todo o resto o mesmo de sempre. A empresa perde a autenticidade, pois não se trata de apenas adaptar o produto, mas de incluir toda a cultura organizacional em uma adaptação mais abrangente.

Adaptou o marketing, tirou o porco do logotipo, mas não modificou a maçaneta? Também vai perder a venda, pois o seu parceiro em potencial pode pensar: "Ah, entendi, tirou o porco e está achando que vou engolir o seu produto agora? Isso não vai vender. Se eu comprar de você, onde vou vender? Ninguém vai querer essa porta tão simples...".

Adaptar apenas um setor é não atentar para a sustentabilidade dos negócios, pois, como bem diz o provérbio árabe: "Tudo o que acontece uma vez pode nunca mais acontecer, mas tudo o que acontece duas vezes, acontecerá certamente uma terceira".

O PAPEL DO *HALAL* NA ARABIZAÇÃO

Antes de pensar se acha algo bonito ou feio, bom ou ruim, atente-se para as questões mais sérias, como o produto ter o selo *Halal*. Principalmente produtos ligados à alimentação, precisam do selo *Halal* para adentrar no Mundo Árabe. Quando é algum produto que se coloca na boca, ele deve ter o selo *Halal*. O consumidor precisa ter certeza de que a gelatina que ele está comendo não tem porco na sua composição, por exemplo.

Um enxaguante bucal é *Halal* quando garante que não existe álcool na sua composição; sem esta condição, ele não pode entrar no mercado árabe, uma vez que álcool é *Haram*. O brasileiro adaptar os seus frigoríficos para atender a uma exigência fitossanitária do país é também uma prática *Halal*, não é apenas uma questão de arabização.

Já um xampu ou outro item de cuidado pessoal que não seja ingerido não *precisa* necessariamente ser *Halal*, mas *pode* ser – e isso é arabização. Como assim? Transformar um xampu em *Halal* mostra que você busca atender o público islâmico, que transformou os seus processos, que se preocupa com essa região tão importante do mundo.

Ninguém vai beber o xampu, então ele não precisa ser *Halal*, mas, se esse xampu testa em animais, e um deles é o porco? Será que existem porcos nessa fábrica? Isso não é bom, é *Haram*. Logo, embora não precise, é uma ótima prática buscar o selo *Halal* para o seu produto, seja ele qual for.

Halal é muito mais do que a palavra "permitido", referente ao que se come e ao abate animal. É um estilo de vida. Ao se preocupar em transformar algo em *Halal*, os árabes vão perceber que você está sendo genuíno na sua preocupação e vão levar o seu produto na mais alta conta!

QUEBRANDO MINHAS FRONTEIRAS

Em um dos anos da minha carreira na Câmara Árabe, quando ainda morava em São Paulo, decidi, com o órgão, promover no Sudão uma feira de negócios internacionais. O Sudão é um país situado no norte da África, oficialmente árabe. Um local pouco visto pelos empresários brasileiros, mas cheio de oportunidades.

O sudanês é bem carente de produtos de valor agregado, assim como outros países árabes. Considero essa uma grande vantagem para o desembarque de produtos brasileiros, mas não costumamos olhar para essa parte do mundo com a atenção que merece.

Decidimos então colocar nessa feira de negócios as melhores empresas brasileiras. Escolhemos empresas mais maduras quanto à exportação para aumentar as chances de êxito. Abrimos as vagas, escolhemos as melhores e partimos!

Uma dessas foi uma marca de chuveiros. No voo para os Emirados Árabes, escala para o Sudão, trombei com o executivo responsável por essa marca. Coincidentemente, sentamos lado a lado. Fomos conversando até o destino. Nessa conversa, pude conhecer mais sobre esse executivo, com muita bagagem no ramo de exportação, que realizava um excelente trabalho exportando para o mundo inteiro. Mas ele me disse que aquela ocasião era sua primeira vez em um país árabe. Busquei tranquilizá-lo, afirmando que estávamos juntos nessa empreitada. Sem dúvida, com a experiência dele somada a uma marca tão reconhecida, nada daria errado.

O dia seguinte foi o dia de montagem da feira. Fomos em um comboio de carros para a Feira Internacional de Khartoum, capital do Sudão. Obviamente, como em toda missão, botamos também a mão na massa na montagem dos estandes, com a equipe de funcionários e recepcionistas.

Durante a montagem, encontrei novamente o executivo do avião e fui ajudá-lo. Falei: "Meu amigo, que bom te ver de novo! Deixa eu te ajudar com essas caixas...". Peguei a caixa que carregava as amostras e catálogos, enquanto ele montava um chuveiro que ficaria para a demonstração – a água caía do chuveiro para uma bacia – e eu colocava os catálogos no balcão.

Assim que abri a caixa, deparei-me, no interior de um catálogo, com uma fotografia que mostrava a silhueta de uma mulher no banho. Fiquei extremamente assustado e o alertei imediatamente sobre essa imagem nos catálogos. Expliquei que, embora a feira seja internacional, a grande maioria do público com certeza era muçulmana. Sugeri que não colocasse os catálogos, e ele concordou.

Quando voltava ao Brasil, a cada dois anos durante a minha infância em Dubai, ficava admirado com a naturalidade da exposição do corpo na televisão e nas mídias em geral. No Brasil, de fato, é algo natural, já há algumas décadas passam nos anúncios de Carnaval, programas de auditório, comerciais de cerveja, produtos de cuidados para o corpo, novelas etc. Uma silhueta tomando banho não é algo que chama atenção no Brasil, mas, para o Mundo Árabe, definitivamente não é adequado.

Adequar é sair da nossa zona de conforto e perceber: o que é comum para mim pode não ser para outros povos! É fácil vender do Brasil para países ocidentais, a adaptação é mais suave. Eu entendo que esse executivo excelente não tenha se atentado para um pequeno detalhe que, no Mundo Árabe, é uma grande questão.

Se eu não tivesse percebido isso antes, a história poderia ter sido bem diferente, tendo o catálogo desagradado o governo local e os empresários, e certamente nenhuma venda.

No final feliz da história, a venda do chuveiro foi um sucesso no Sudão. Teve grande êxito em alguns países árabes!

Oportunidade de palestrar na Expo 2020 em Dubai, onde as mentes se encontram e ideias se fundem, criando um palco global para inspirar, conectar e transformar.

O falcão é um símbolo marcante nos Emirados Árabes Unidos, representando não só tradição e orgulho, mas também um elo entre negócios e cultura. A prática da falcoaria une as comunidades, bem como abre portas para parcerias e oportunidades comerciais.

ALARGA TUA TENDA

"Rafael é um profissional ímpar, daqueles que não é fácil encontrar no nosso dia a dia. Dotado de um vasto conhecimento e grande expertise em sua área de atuação, carismático, e extremamente acessível, possui um amplo networking nos mais diversos segmentos, aspectos estes que fazem toda a diferença quando contamos com sua ajuda.

Além destes e outros predicados pelos quais é admirado por todos, Rafael possui profundos conhecimentos dos hábitos, costumes, protocolos e leis que permeiam o Mundo Árabe, o que faz total diferença para a realização de diferentes tipos de negócios entre empresas brasileiras e as integrantes daquele universo.

Devido à minha profissão, há muito tempo tenho contato com o Mundo Árabe, mesmo assim não abro mão de contar sempre com a ajuda e o apoio do Rafael. Deixo aqui o meu parabéns a ele e tenho certeza, sem sombra de dúvidas, de que seu livro será de grande valia para a grande maioria de empresários e executivos!"

Rita Bassi,
diretora-geral da Gallo Brasil e presidente da
Oliva (Associação Brasileira de Produtores,
Importadores e Comerciantes de Azeite de Oliva).

CAPÍTULO 7

TEMPO E RITMO DA NEGOCIAÇÃO

O que hoje é fogo, amanhã pode ser cinza.

◇◇◇◇◇◇◇◇◇◇◇

"Em primeiro lugar, as relações entre os países árabes e o Brasil ainda são novas e não são construídas sobre uma relação sólida, por isso os negócios levarão tempo, porque não há relação de longo prazo e confiança entre ambos os lados, o que afeta e torna os negócios mais difíceis.
Em segundo lugar, a pessoa árabe leva tempo para estudar o fornecedor, a natureza e a fonte do produto. Se não houver recomendação, leva em média entre 3 e 6 meses para iniciar a negociação e o desempenho do negócio, mas no caso de recomendação, o tempo será menor. Quanto ao fator mais importante, o elemento de confiança e profissionalismo entre cada lado deve ser construído e estruturado em uma base sólida, então o processo irá se mover mais rápido."

Por Omar Hamaoui, de Beirute, no Líbano

Cada pessoa costuma ter certos valores ou prioridades inegociáveis. Dentre as minhas maiores prioridades, por exemplo, destacam-se a relação com Deus, o bem-estar da família, a satisfação profissional e a satisfação financeira. Podemos levar essa reflexão também para o mundo das negociações com os árabes.

Compreender os valores dos árabes, o que eles priorizam na vida e nas relações, abrirá muitos caminhos de negociação. Percorremos muitas páginas buscando solidificar esse entendimento tão fundamental. No último capítulo, frisarei os perigos de ir rápido demais e atropelar os processos na construção de um relacionamento com um possível parceiro de negócios.

> **Existem diferentes tempos a serem respeitados ao se negociar com o Mundo Árabe, para que você consiga alcançar resultados além do esperado! Trata-se de arabizar a sua forma de lidar com o tempo.**

Qual é o tom e o ritmo ideais a se seguir para manter e expandir uma parceria? Existem melhores épocas do ano para se negociar? E quanto aos dias úteis e fins de semana, existe alguma diferença entre o Mundo Árabe e o Ocidente? A diferença de fuso horário pode interferir de alguma maneira? Quais são os melhores horários para se conversar com uma pessoa árabe? O que eles esperam de você? É isso tudo que vou esclarecer neste capítulo.

O ÁRABE QUER CONSTRUIR PARCERIAS DURADOURAS

Como já abordado, antes de saber sobre preços ou que tipo de produto ou serviço você tem a oferecer, os árabes querem saber quem você é.

> **A mais importante etapa de qualquer negociação com pessoas árabes é o estabelecimento da confiança.**

Eles precisam saber da sua bagagem de trabalho, de vida e de seus princípios. Geralmente, preferem negociar com pessoas mais velhas, por se tratar de uma cultura que dá extremo valor à autoridade e à experiência que se ganha com a idade. Nos vilarejos e nas tribos árabes, desde o começo dos tempos, os anciões têm o máximo respeito da população. Portanto, leve isso em consideração ao deslocar-se ou destacar alguém para negociar com um possível parceiro.

Após o alinhamento de valores com a pessoa árabe, explicite e valorize os atributos da sua empresa. Quanto tempo ela tem de mercado? É uma empresa de família? Quais são seus diferenciais? O que garante que ela vai honrar os compromissos? Tenha essas respostas na ponta da língua e busque sempre enfatizar experiência, solidez e competência.

CONECTIVIDADE *VERSUS* COMPETITIVIDADE

Uma frase que resume o que quero explicitar neste tópico é: juntos, vamos mais longe e somos mais fortes!

O árabe gosta muito da conectividade, dos grupos, da sinergia. Não busque competir, mas gerar profícuas conexões – inclusive com outros brasileiros.

Na Câmara de Comércio Árabe-Brasileira, é comum a organização de "missões", cujos participantes são empresários que vendem produtos parecidos ou do mesmo segmento. Posso, por exemplo, vender tênis e o meu colega, chinelos, e escolhermos oferecer conjuntamente os nossos produtos para um parceiro árabe, em um acordo vantajoso.

É uma estratégia comprovadamente eficaz para chegar mais forte em uma negociação no Mundo Árabe! A probabilidade de o árabe dar atenção à proposta é, no mínimo, dobrada.

Em muitas das missões em que trabalhei, as maiores parcerias eram feitas, na verdade, entre brasileiros! Vi muitas empresas que ofereciam produtos similares verdadeiramente se complementando e vendendo muito melhor para o árabe. Não fique temeroso de perder a sua oportunidade, lembre-se de que os árabes valorizam enormemente a união – valorize-a também!

Acima de tudo, seja transparente. Se, por acaso, você souber que a pessoa árabe com quem deseja parceria já está tratando com um concorrente, não faça joguinhos. É importante que você diga, nos seus termos: "Eu sei que você está negociando com essa pessoa e eu gostaria de uma chance...".

Nada de tentar puxar o tapete do concorrente, mentir ou inventar vantagens. Os árabes

**são ótimos detectores de mentiras
e histórias mal contadas!**

Uma vez perdida a confiança que ele tem em você, acabam-se as chances de negócios. No balanço final, a conectividade é muito mais proveitosa e benéfica para todos!

NO MUNDO ÁRABE, O TEMPO É RELATIVO

O tempo para a formação desse vínculo de confiança depende da pessoa árabe em questão, não existe uma regra. Mas, uma vez formado, será algo sólido. Passada essa etapa, apresente seus preços, quando ela solicitar. Nunca o faça antes! Sob pena de quebrar o ritmo da negociação e acabar com todas as suas chances.

Para os árabes, isso é visto como uma atitude de pressão, e eles detestam ser pressionados. É provável que pensem algo do tipo "Essa pessoa quer me vender muito rápido, tem alguma coisa errada aí...". A sua resiliência será testada, seja paciente que será recompensado! Afinal, o nome dele – logo, também a honra – está em jogo, já que ele vai te representar no Mundo Árabe. Seja, por exemplo, vendendo os seus produtos no supermercado que o pertence ou oferecendo os seus serviços para o público dele.

Todo esse processo pode, inclusive, acontecer em um único dia. Mas certamente não será um dia de reuniões convencionais, como as que acontecem no Brasil. No Mundo Árabe, todo tipo de interrupção durante as reuniões é muito comum. Ele atende a longos telefonemas, um funcionário entra na sala; às vezes, ele deixa as interrupções acontecerem para testar a sua fidelidade. Se você for capaz de se sentar com ele o dia inteiro, tranquilamente, e entregar o produto do jeito que ele solicitar, será visto com bons olhos e terá passado no teste.

O tempo, para o árabe, é irrelevante. A contagem do tempo estruturada do Ocidente não faz muito sentido para os povos do deserto.

Coloque na sua cabeça: no Mundo Árabe não existe o conceito de tempo linear ao qual estamos acostumados. Adapte-se, ou arabize-se, para negociar por aqui.

Quase toda vez que ligo para alguém, acontece de a pessoa dizer: "Espera só um minutinho!", atender outra ligação, me colocar na espera e demorar, demorar, demorar. Depois, volta dizendo: "Alô, você ainda está aqui?". "Sim, estou", eu respondo. Essa atitude demonstra que não tem tempo ruim, que estou disposto a vender para ele e esperar o tempo que for preciso.

Também pode acontecer de você ter passado o dia inteiro na companhia da pessoa árabe, com reuniões, almoço, distrações, e, ao final do dia, ela te ligar e perguntar "O que você está fazendo agora?". E te chamar para jantar na casa de algum parente. Se você quiser vender, vai falar "OK, claro!", sem demonstrar nenhum tipo de desconforto. Como vocês estão em negociação, devem desenvolver a relação e faz parte ser simpático e não negar convites desse tipo; por isso, se você realmente não tem nenhum compromisso, tente aceitar! Assim, ele terá certeza da sua resiliência e de que você é o parceiro perfeito para esse negócio.

OS ÁRABES TÊM HÁBITOS NOTURNOS

Prepare-se para outra peculiaridade relacionada ao tempo quando estiver negociando com um árabe: é muito comum que ele vá te ligar às dez, onze horas da noite, e quem sabe até mais tarde. Algo que não está relacionado à diferença de fuso horário, mas ao costume.

> **O cliente árabe vive em outro tempo; se você quer fazer negócios, deve estar pronto para atender às suas demandas em horários diferentes do que está acostumado. No Mundo Árabe, a empatia com o cliente é levada muito à sério.**

No entanto, jamais ligue para o seu cliente tarde da noite, jamais! Essa prerrogativa é apenas dele. Você também deve evitar ao máximo entrar em contato na parte da manhã, especialmente de manhã cedo. Nesse caso, se estiver no Brasil, considere o fuso horário quando for tomar a iniciativa da conversa: a diferença do Brasil para os países do Golfo, por exemplo, é de menos seis a sete horas. Do Brasil para os países do norte da África, de menos quatro a cinco horas.

Os árabes costumam ser mais ativos à noite; por isso, se você ligar para alguém às nove da manhã, é muito provável que essa pessoa ainda esteja dormindo. "Por que isso acontece, Rafael?" Existe uma explicação bastante razoável. Durante o dia, o calor é infernal! Nos Emirados Árabes, por exemplo, na época do verão, só é permitido trabalhar em ambientes abertos após as 18 horas. Antigamente, o costume era trabalhar de manhã bem cedinho, ir para casa almoçar e só voltar ao trabalho perto das dezessete horas.

Outra coisa diferente do Ocidente é que o comércio dos shoppings fica aberto até uma da manhã! Você vê, nesses horários, crianças para todos os lados. Muito diferente do Ocidente, da Europa, onde as pessoas, em geral, já estão dormindo por volta das nove, dez horas da noite. Logo, esteja atento durante o período noturno; a chance de seu cliente te ligar e solicitar alguma informação ou documento é grande!

YALLAH HABIBI!

Não é bom que você apresse o seu cliente, mas se ele te apressar, não demore!

Imagine só a seguinte situação.

– Rafael, cadê aquele negócio que você falou que ia me dar? – me pergunta o cliente.

– Já, já – eu respondo.

– Rafael? – ele me cobra.

– Mando em breve.

– Rafael, cadê? – ele insiste.

– Aguarde, logo mais te mando.

Esse tipo de conversa não faz muito sentido por aqui. É uma boa prática que você esteja preparado e tenha em mãos todo o material necessário para encaminhar a negociação, quando for solicitado pela contraparte árabe. Porque, apesar de não terem um tempo muito convencional do ponto de vista ocidental, eles são ansiosos e querem tudo para ontem.

> **O árabe é imediatista. Ele não se importa com o tempo, mas, quando quer alguma coisa, quer naquele momento.**

É como se eles não tivessem noção de tempo, fossem atemporais, digamos assim. Não recomendo que você pergunte quanto tempo algo leva. Todavia, ele vai te ligar quando quiser e falar assim: "Sabe aquela apresentação que você me fez? Eu quero o produto para amanhã".

O árabe, como cliente, é quem dita o ritmo. Quando ele perguntar sobre alguma coisa, a resposta ideal é: "Já está aqui". "Mas você consegue entregar que dia?", ele perguntará. "Posso nesse dia", você arrematará. É assim que você ganha o árabe.

Às vezes, quando é você que quer algo dele, talvez ele diga *"Inshallah"*, que na tradução significa "Se Deus quiser" e nesse contexto quer dizer algo como: "Amanhã te falo", ou ainda uma indicação de que não é possível. Como os árabes não costumam dizer "Não", quando acham que algo não é viável, dizem *"Inshallah!"*. Aliás, é o que mais ouço por aqui.

E então, do nada, ele te liga depois do expediente e fala *"Yallah Habibi*, quero o produto agora, quando o embarque vai sair?". *"Yallah"* significa algo como "Vamos lá!", uma forma de apressar, pedir urgência, mais uma das palavras muito escutadas por aqui!

DIFERENÇAS NOS DIAS ÚTEIS

Existem claras diferenças quanto aos dias úteis considerados pelos ocidentais, que variam entre os países árabes. O desconhecimento dessas diferenças pode causar desencontros totalmente evitáveis!

> **No Mundo Árabe, a sexta-feira, tradicionalmente, é o centro do fim de semana. É o dia sagrado de devoção a Deus na religião islâmica.**

Nesse dia, os muçulmanos são convocados a praticar as suas orações do meio-dia em alguma congregação.

A maior parte dos países árabes buscou se adaptar mais ao mundo não islâmico designando a sua semana de trabalho de domingo até quinta, com o fim de semana correspondendo aos dias de sexta-feira e sábado. Existem, ainda, outros países que, visando estrategicamente impulsionar a competitividade econômica e o alinhamento aos mercados globais, decidiram seguir o mesmo padrão semanal do Ocidente (sábado e domingo como dias de descanso).

Compartilho aqui uma tabela com os vinte e dois países árabes e a respectiva organização dos seus dias úteis, para que fique atento e diminua as possibilidades de desencontro com o seu parceiro de negócios árabe!

País árabe	Dias do fim de semana
Emirados Árabes Unidos	Sábado e domingo
Líbano	Sábado e domingo
Marrocos	Sábado e domingo
Tunísia	Sábado e domingo
Reino da Arábia Saudita	Sexta-feira e sábado
Omã	Sexta-feira e sábado
Bahrein	Sexta-feira e sábado
Kwait	Sexta-feira e sábado
Qatar	Sexta-feira e sábado
Mauritânia	Sexta-feira e sábado
Sudão	Sexta-feira e sábado
Palestina	Sexta-feira e sábado
Argélia	Sexta-feira e sábado
Egito	Sexta-feira e sábado
Iraque	Sexta-feira e sábado
Jordânia	Sexta-feira e sábado
Líbia	Sexta-feira e sábado
Síria	Sexta-feira e sábado
Iêmen	Sexta-feira e sábado
Somália	Quinta e sexta-feira
Djibuti	Sexta-feira
Comores	Sexta-feira e sábado

MELHORES E PIORES MOMENTOS DO ANO PARA NEGOCIAR

Outro fator para se atentar é sobre os melhores e piores momentos do ano para fazer negociações com o Mundo Árabe.

Na época do verão, que tem seu ápice entre os meses de junho e julho, a temperatura no Mundo Árabe costuma ficar entre 45 e 50 graus Celsius. Se estiver planejando vir a essa parte do mundo para fazer negócios no verão, esqueça! Os grandes tomadores de decisão não estarão por aqui, especialmente os da região do Golfo – eles aproveitam esse período para viajar para regiões mais amenas.

Outra pontuação fundamental sobre as melhores e piores épocas para se negociar no Mundo Árabe diz respeito ao Ramadã.

O Ramadã é o nono mês do calendário lunar, seguido pela população islâmica. É um período sagrado em que os muçulmanos jejuam do nascer ao pôr do sol, reverenciando a revelação da palavra de Deus ao profeta Maomé.

Como é baseado nos ciclos da lua, a cada ano o Ramadã possui uma data diferente; logo, esteja alerta para mais essa sazonalidade específica do Mundo Árabe ao planejar os seus negócios. Este é um péssimo momento para negociar qualquer coisa, uma vez que as pessoas vivem totalmente em função da sua religiosidade. Além do fato de que elas passam o dia inteiro em jejum, por isso costumam ficar mais reclusas para guardar suas energias.

Logo antes do Ramadã, entretanto, pode ser a melhor ocasião para adentrar o mercado árabe! Nesse período, eles têm pressa para negociar, tanto para comprar quanto para vender, porque, durante o mês, não podem fazê-lo. O momento ideal para fechar negócios é de dois até um mês antes do Ramadã.

A AFETIVIDADE QUE MANTÉM O FOGO ACESO

Qualquer relacionamento, para continuar funcionando, precisa manter a chama do interesse acesa. Uma vez estabelecida a conexão entre você e o negociante árabe, trate de cultivá-la! Mande flores, por exemplo. Literalmente mande flores, sejam reais ou virtuais.

No Mundo Árabe, é comum conversar com um parceiro de negócios no aplicativo de mensagens e ele enviar emojis e figurinhas de flores, corações, beijos. Não estranhe esse comportamento tão incomum no ocidente, eles fazem isso normalmente, mesmo sem intimidade!

A pessoa árabe precisa sentir que você está emocionalmente ligado a ela. A zona de conforto física, no Mundo Árabe, é muito menor do que na maioria dos países ocidentais entre pessoas do mesmo gênero; ou seja, eles gostam do contato, de andar de mãos dadas, abraçar, compartilhar momentos, sorrisos e afetos. Nas ruas, inclusive, você provavelmente verá muitas cenas assim.

Aconselho fortemente, se você quiser formar um bom relacionamento com o seu cliente árabe, a mandar flores, chocolates, desejar bom-dia, enviar alguma mensagem engraçada ou que te fez lembrar da pessoa. Ligue para ela. Diga "Estava no futebol e lembrei de você...", coisas do tipo. Mas, é claro, seja cuidadoso. Se você é mulher, o ideal é que faça isso apenas com outras mulheres, e se for homem, apenas com outros homens, a não ser que seja alguém já conhecido.

QUEBRANDO MINHAS FRONTEIRAS

Em determinado dia, estávamos em reunião no Brasil e soubemos que haveria no Egito a primeira edição de uma feira de agronegócio. Vimos essa como mais uma ótima oportunidade de promover os produtos brasileiros.

Como de praxe, fizemos um processo seletivo com alguns associados e fechamos um grupo para a viagem. O Egito tem um acordo de livre-comércio com o Brasil e o consideramos um país muito estratégico: é o maior país árabe do norte da África e um *hub* logístico da região, além de um lugar de especial interesse para o agronegócio.

O Egito e o Sudão são países muito parecidos com o Brasil, topograficamente falando, e também possuem solos muito férteis nas margens do grande rio Nilo. Este é um grande diferencial quanto a outros países do Mundo Árabe, especialmente os do Golfo. Alguns países do Golfo, inclusive, investem no norte da África para garantir a sua segurança alimentar.

Um mês antes de embarcarmos, a dona de uma das empresas selecionadas me ligou. Era dona de uma grande empresa de ração animal e queria verificar comigo as melhores práticas para negociar no Egito. Uma das suas perguntas foi sobre ela levar a sua linha de ração para suínos. Eu respondi que não fazia o menor sentido, pois no Mundo Árabe porco é *Haram*, proibido. Mesmo que a ração não tenha nada derivado de porco em sua composição, o simples fato de ser direcionada para porcos a torna inútil em uma parte do mundo onde é proibida a criação de porcos. Além disso, poderia gerar desconfianças.

Ela entendeu perfeitamente e seguimos o jogo. Em seguida, embarcamos rumo ao Egito, e um dia antes fomos com funcionários e empresários montar os estandes da feira, como sempre fazemos. Essa empresária mandou as amostras de antemão, muito sabiamente, por meio de um despachante. Estava passando perto do seu estande quando as rações finalmente chegaram.

Ela olhou para mim, me cumprimentou e disse "Olha, aquele nosso papo foi ótimo, me preparei muito bem e não trouxe aquela ração de porco, como você recomendou". Mostrou os sacos menores e maiores, explicou os usos, os produtos para cavalos, camelos, gatos etc. E, então, notei algo estranho na embalagem das rações.

Nela, havia o nome da marca, o desenho do formato da ração e, no plano de fundo, a silhueta de um cavalo, uma vaca, uma galinha e... um porco. Imediatamente falei "Pensei que você não tinha trazido ração de porco". E ela respondeu "Ah, eu não trouxe, essa é só a nossa embalagem padrão, mas está escrito que é para os outros animais...".

Ainda bem que Deus me colocou ali para dar uma luz, como já aconteceu em tantas outras situações como essa. "Se a senhora colocar essa embalagem com o porquinho eles não vão gostar, pode até levantar suspeitas se existem rastros de porcos na ração, se você vende rações para suínos", expliquei a ela.

"A pergunta que você mais vai receber aqui", continuei, "será sobre o porco na embalagem... Isso se você receber qualquer pergunta, depois de eles observarem esse grande detalhe. Eles provavelmente nem vão querer chegar perto do seu estande quando souberem", completei.

Naquela mesma tarde pegamos um táxi, fomos ao supermercado e compramos grandes sacolas plásticas de armazenamento; abrimos os pacotes de ração e passamos a noite inteira empacotando ração nesses novos pacotes e colando os adesivos com a descrição dos produtos e suas especificidades.

No dia seguinte o sol nasceu, a feira abriu as portas e as vendas da empresária foram um sucesso! Hoje, ela é uma grande amiga e faz muitos negócios em países árabes. Começou no Egito e está também na Arábia Saudita. O sucesso foi tanto que ela até tem planos de morar nos Emirados Árabes e fazer o país de base para os seus negócios no Mundo Árabe.

Partindo em uma missão histórica! A bordo do KC-390 da Embraer, rumo a 10 países árabes com empresas brasileiras, numa iniciativa coordenada pela Secretaria Especial de Assuntos Estratégicos da Presidência da República, promovendo o comércio exterior do Brasil no mundo árabe (2022).

ALARGA TUA TENDA

"Rafael Solimeo é um homem de negócios. Além do comércio entre brasileiros e árabes, ele administra um time com muita capacidade e habilidade. Mas esses atributos todos nós conhecemos... por isso, gostaria de destacar a sensibilidade do meu amigo Rafael nas relações humanas, no respeito pelo outro.

Além de reconhecer a importância da Cultura no aprimoramento dessas relações e na valorização da diversidade dos povos, Rafael Solimeo compreende que ações culturais até ajudam a fazer negócios... Parabéns pelo livro! Temos muito a aprender com suas experiências!"

Silvia Antibas
historiadora, vice-presidente e diretora cultural da
Câmara de Comércio Árabe-Brasileira. Detentora
do prêmio Unesco-Sharjah para a Cultura Árabe.

CAPÍTULO 8

IMPLEMENTAR CONFIANÇA NA NEGOCIAÇÃO PELA COMUNICAÇÃO

Se escuto alguém, estou em vantagem; se falo, outra pessoa ficará em vantagem.

◇◇◇◇◇◇◇◇◇◇◇

"Confiança tem um significado muito grande em uma única palavra, confiança no Mundo Árabe pode ser nada ou tudo, não há área cinzenta, pois se você é uma pessoa confiável, todas as portas serão abertas. Ela é essencial para construir relacionamentos de longo prazo, amizade e negócios. Leva anos para construir confiança, segundos para quebrá-la e uma eternidade para repará-la!"

Por Noury Kenan Dweidary, de Homs, na Síria

É por meio de uma comunicação eficaz que conseguimos passar as nossas mensagens, compreender as mensagens dos outros e construir boas relações. Boas relações são baseadas, primeiramente, em confiança.

> **A confiança, no Mundo Árabe, é o primeiro passo para qualquer empreendimento.**

Sem a maior confiança do seu parceiro em potencial, você não irá a lugar algum!

E você há de concordar que só é possível construir relações sólidas com base em uma comunicação bem-sucedida entre os envolvidos.

Mas... o que eles esperam de você nesse sentido? O que você precisa fazer para que eles acreditem na sua boa-fé e no potencial das suas propostas? Quais são as tecnologias que eles mais usam para se comunicar? Os árabes têm algumas especificidades no âmbito da comunicação para estabelecer relacionamentos de confiança nos negócios e, neste capítulo, vamos desvendar mais alguns dos seus mistérios!

O ÁRABE PRECISA VER PARA CRER

Se quiser que o árabe se envolva no seu projeto de construção, por exemplo, não adianta só mostrá-lo uma bela apresentação no computador. Isso também é importante, já que os árabes são muito visuais – mas não será suficiente. Ele vai querer ver os seus projetos pessoalmente, para depois confiar plenamente na parceria que você propõe. Essa regra funciona para praticamente tudo nos negócios.

Supondo que você pretenda fechar um grande contrato na área de exportação de frango com um árabe; garanto que ele vai pessoalmente, ou vai mandar alguém de confiança, verificar o seu frigorífico e atestar se o seu abate é realmente *Halal*, mesmo que você já tenha o selo.

Já vi casos em que o árabe viaja, acompanha o processo de exportação, confere se o produto está sendo preparado direito, volta e, no dia do embarque de uma remessa, ele manda alguém da sua confiança para ver a mercadoria entrando no contêiner. Para nós, brasileiros, esse tipo de comportamento pode soar como certo exagero, mas o árabe valoriza a prudência acima de tudo.

Uma dica de ouro que dou é: antecipe-se! Antes que o árabe peça para visitar a sua fábrica, convide-o! Isso é arabizar: faça que ele confie em você antes que ele precise.

Uma boa dica é dizer "Antes de tudo, gostaria que você fizesse uma visita à nossa fábrica no Brasil. Podemos agendar isso?". Ele ficará positivamente surpreso com a sua iniciativa e isso contará muitos pontos a seu favor no quesito confiança.

SEJA COERENTE NA COMUNICAÇÃO E NA ENTREGA

Lembre-se: historicamente, os árabes são negociantes há muito mais tempo que os brasileiros.

Já vi alguns brasileiros caindo no "conto do vigário" no Mundo Árabe, principalmente no Golfo, ao ficarem deslumbrados pelas riquezas e confiarem em qualquer um.

Às vezes, uma pessoa engana brasileiros com esse tipo de discurso: "Olha, vou investir no seu produto, mas preciso de um adiantamento para abrir a empresa e eu te pagar lá na frente com os investimentos que você lucrará". É em golpes assim que você deve estar atento.

Tenha mais "malícia" e desconfie mais – estando esperto para a forma como os árabes fazem negócios, você reconhecerá de longe um golpe!

> **Os árabes fazem negócios há milênios; os brasileiros, há pouco mais de cinco séculos. Os árabes têm quatro vezes isso só de negociação, de trade. O comércio está na veia dos árabes. Se a construção da confiança é fundamental para eles, é porque se trata de uma estratégia eficiente!**

O produto que vou mandar para o árabe precisa ser o melhor, e estar completamente de acordo com as especificações combinadas. Se o produto chega corretamente no primeiro embarque e no segundo está diferente, você terá de se ver com ele. "Espera aí, você me mandou um café assim e depois de um jeito diferente?"; já era, terá perdido a confiança. Portanto, lembre-se de comunicar muito claramente as especificações do seu produto e de se ater a elas em todos os envios. Caso haja alguma mudança, converse com ele antes e cheguem em um novo acordo.

Para o árabe confiar em você, ele precisa confiar também no seu produto e na sua equipe. Só inicie um processo de negociações com um árabe se você estiver plenamente seguro sobre todo o seu negócio, e disposto a arabizá-lo. Se não estiver, o árabe muito provavelmente sentirá de longe!

COMUNIQUE-SE COMO UM AMIGO

Outra curiosidade sobre a comunicação com um parceiro de negócios árabe é que ele não vai gostar se você tratá-lo como um mero cliente. Você deve tratá-lo muito mais como se estivesse falando com um amigo – mas não os seus amigos do Brasil! Em caso de dúvidas, sugiro que releia com bastante atenção os capítulos iniciais sobre a cultura árabe para não cometer nenhum deslize imperdoável.

A comunicação mais business que temos no Brasil é considerada muito fria para os árabes. Acho engraçado quando vejo empresários brasileiros utilizando-se de diversos termos em inglês para conversar sobre negócios, porque no Mundo Árabe não existe esse apelo impessoal. Na verdade, para eles, quanto mais pessoal e íntimo, melhor!

Inclusive, acredito que a palavra "reunião" poderia facilmente ser trocada pela palavra "encontro" ao se fazer negócios com um árabe. O encontro é o objetivo, o conhecimento mútuo, o debate de ideias, o alinhamento de interesses, propósitos e valores. Os negócios vêm depois, como resultado. Nesse sentido, acredito que tais práticas se assemelhem mais ao jeito brasileiro do que ao jeito europeu de construir relações.

O brasileiro perde a essência e a autenticidade quando tenta espelhar o lado frio da Europa, o que conquista os árabes é justamente a nossa faceta mais humanizada, irreverente e afetuosa.

Por isso, chame-o para um café, um almoço. Em um restaurante ou na sua própria casa. Pense primeiro em fazer um amigo, demonstre interesse em quem ele é, para depois discutirem o que podem fazer juntos!

MEIOS DE COMUNICAÇÃO PREFERIDOS PELOS ÁRABES

Quanto aos meios de comunicação preferidos, existem algumas diferenças a depender do país ou da região do Mundo Árabe.

Nos Emirados Árabes, acredito que pelo fato de a maior parte da população ser estrangeira, o que une todas as tribos é a comunicação por meio do e-mail, no estilo dos ocidentais.

Já em outras áreas, como o Norte da África, a comunicação é feita primordialmente por meio do aplicativo de mensagens WhatsApp, seja para mandar tabelas de preços, documentos ou apenas conversar.

A primeira forma de comunicação, no entanto, é a fala, por meio da ligação telefônica. Então, sejam lá quais forem as outras formas de comunicação que você utilize, e-mail, WhatsApp ou outros, a maneira que você tem de chamar a atenção de um árabe é, primeiro, ligando para ele! Não espere ter seus e-mails e mensagens respondidos se ele não sabe quem você é a partir, pelo menos, de uma ligação.

Primeiro, ligue para a pessoa árabe que você deseja propor uma parceria; depois, mande mensagens ou e-mails, dependendo da região, utilizando o meio que ele mencionar preferir para manter o contato.

Eu geralmente pergunto: "Ah, que bom que você aceitou o meu convite. Agora, por falar no convite, quer que eu te mande os detalhes por e-mail ou WhatsApp?".

Um detalhe que vale a menção é: ligações por WhatsApp são proibidas em vários países do Mundo Árabe; creio que seja uma medida feita para proteger as operadoras de telefonia locais. Uma solução comum para substituir o famoso aplicativo de mensagens e ligações: nessa situação, existem outras opções (por exemplo, o Botim).

Ligar e ir encontrá-lo pessoalmente é o melhor dos cenários, se quiser que ele realmente preste atenção na sua pessoa e nas suas propostas. Tratando-se de empresas mais tradicionais, recomendo, sim, que utilize o e-mail como forma de comunicação preferencial, para documentar melhor a negociação.

Porém, na primeira conexão com a pessoa árabe, é mandatório que você a telefone ou visite!

Finalizo este tópico com uma dica extra: indico que, se for ligar, mandar uma mensagem ou um e-mail, o faça no primeiro dia da semana. Se no país em questão o primeiro dia da semana for domingo, entre em contato no domingo. Não mande nada no último dia útil da semana, senão, muito provavelmente, sua mensagem ou e-mail ficará perdido entre tantos outros, e ele não atenderá a sua ligação.

ATENTE-SE À LINGUAGEM CORPORAL

A linguagem corporal é crucial na cultura árabe. Existem atos que você precisa tomar cuidado para não fazer, como mostrar a sola do sapato em uma reunião ou, pior ainda, apontar o dedo para alguma pessoa ou objeto, mesmo apenas com intenção de indicar, pois é considerado desrespeito.

Além de se atentar para os seus próprios gestos, sugiro que fique atento aos sinais de reações positivas ou negativas na linguagem corporal da pessoa árabe com quem você está negociando.

Saiba que a linguagem corporal pode ser o principal indicador da opinião de uma pessoa e o que o seu discurso sugere, já que os árabes não costumam ser diretos na fala.

Embora os árabes falem alto, gesticulem e toquem em demasia um no outro, aconselho que evite gesticular excessivamente, para evitar mal-entendidos; fora isso, procure ser coerente no que você fala e na sua expressão corporal. Os árabes têm uma ótima inteligência social e são muito perceptivos. Seja sempre sincero nas palavras, nos gestos e nas intenções!

DEIXE-O FALAR!

Árabes gostam muito de falar! Nisso eles se assemelham bastante a italianos, latinos e brasileiros, que falam muito em alto e bom som. Aliás, muita gente que não conhece pode interpretar dois árabes conversando na rua, no mercado ou na feira como uma briga, quando na realidade é só uma conversa banal.

> **Quando você não sabe tanto sobre a cultura árabe, sugiro que fale menos e escute mais ao estar com um parceiro de negócios em potencial.**

Deixe-o falar sobre a empresa, suas histórias, sua vida pessoal. Escute, interaja, mostre interesse, mas prefira ser mais discreto, pelo menos no início, para evitar cometer alguma gafe que possa magoá-lo. Se preferir falar mais que ouvir, você corre o risco de jogar por água abaixo tudo o que aprendeu nos capítulos anteriores!

Escutar também traz o bônus de sugerir que ele está em um patamar acima de você, que ele é a pessoa interessante do assunto. Mostra que você não quer impressioná-lo sendo o sabichão da história, mas, em vez disso, escolhe reverenciá-lo por entender que tem muito a aprender com ele. O que geralmente é verdade!

QUEBRANDO MINHAS FRONTEIRAS

Ao longo da minha infância e adolescência morando nos Emirados Árabes, meus pais recebiam muitas visitas do Brasil; avós, sobrinhos, tios, vizinhos, e por aí vai. E eles sempre pediam para fazer uma espécie de tour pelo deserto, um "safári", que ponho em aspas por se assemelhar muito mais a um evento turístico que a um safári de verdade.

O safári contava, entre outras atrações, com espetáculos de dança do ventre, passeios de camelo, pessoas cuspindo fogo, subida e descida nas dunas. No começo era divertido, mas, conforme eu envelhecia, fui deixando de achar tão interessante, por ser repetitivo e mais direcionado para turistas.

Certa vez, era meu último ano na escola, e eu ansiava por experiências mais autênticas e que me conectassem com o local e as pessoas. Foi quando recebi o convite de um amigo para passar o fim de semana com a sua família no deserto!

Esse amigo era de uma família real dos Emirados Árabes, e fiquei muito empolgado com a viagem. Saímos direto da escola, em uma quinta-feira – último dia da semana, na época. O percurso de carro durou cerca de cinco horas, e só no deserto percorremos mais de uma hora; o pai do meu amigo, assim como tantos árabes, parecia vir ao mundo com um excelente GPS instalado! Certamente herança da cultura beduína, essencialmente nômade, tão característica dessa região do mundo.

Chegamos ao acampamento, quase na fronteira com Omã, no meio do mais absoluto nada. Fiquei abismado, porque era deserto *mesmo,* não havia atração turística alguma, e nenhuma outra estrutura além da espetacular tenda montada.

O *sheik,* tio dele, já estava lá, além de outros convidados e pessoas da família. Ao adentrar a tenda, enorme e bem decorada, fomos servidos com o chá típico dos emiráticos, o *suleymani,* um delicioso chá-preto servido com uma folha de hortelã. Enquanto preparavam as comidas, as pessoas se acomodavam nos oito quartos da tenda. No dia seguinte, acordei cedo e encontrei um farto café emirático, com grão-de-bico, ovos e outras delícias. Durante a refeição, lembro-me de ouvir os adultos conversando animadamente sobre negócios – como não poderia deixar de ser, tratando-se de árabes!

Do lado de fora da tenda, surpreendi-me com uma série de belíssimos falcões, empoleirados em pedestais e com uma espécie de máscara, que servia para acalmá-los. O *sheik* e os outros adultos tiraram as máscaras dos animais e começaram a treiná-los para a caça e para os tradicionais campeonatos de falcões, típicos dos Emirados Árabes!

O primo do meu amigo foi participar, pegando um pedaço de carne amarrado em uma cordinha. Ele girava e chacoalhava esse pedaço de carne, a cerca de um quilômetro de distância do falcão, enquanto assobiava, chamando-o. O outro primo tirava a máscara e soltava o falcão... que ia até o outro pegar a carne e depois pousava no mesmo lugar de onde havia saído. Era um espetáculo dos falcões reais, que pertenciam ao *sheik.*

O pai do meu amigo, que também tem o título de *sheik,* incrementou ainda mais o treinamento com um avião de aeromodelo, que subiu com um pedaço de carne amarrado em uma cordinha. Ele soltou o falcão, tirou sua máscara e lá ia ele novamente; voou, comeu a carne e voltou para o pedestal. Incrível!

Outra experiência muito típica do deserto, que nunca vou esquecer, é a maneira como cozinham. O cozinheiro indiano cortou em vários pedaços o que parecia ser um carneiro inteiro; ao terminar, dispôs as peças em uma estrutura de latão, para colocá-las dentro de um tambor encaixado em um buraco na areia. Embaixo, estavam as brasas. Ele colocou as peças dentro do tambor, fechou-o, cobriu com areia e fez mais um fogaréu em cima. Depois descobri que esse forno é chamado de *Zarb*, um antigo método beduíno de cozinhar.

O carneiro ficou cozinhando durante o dia, até chegar a hora da "almojanta", ao fim da tarde. Lavamos as mãos e nos sentamos em um tapete gigante, todos em círculo no chão. Começaram a trazer bandejas gigantes de arroz, nas quais depositaram o carneiro que se desfiava todo em uma suculência incrível. Finalizaram jogando nozes por cima.

O *sheik* pediu ao filho mais velho que nos servisse. Ele poderia ter pedido aos funcionários, mas fez questão de que o filho servisse amigos e familiares. Eu, por ser o único estrangeiro, fui o primeiro a ser servido. A entrada foi servida individualmente: salada e sopa de lentilha. Após finalizá-la, com a mão direita pegamos o prato principal. Fui servido, também, de uma carne bem molinha, com um molho amarelo, que eu confesso ter achado ótima, a princípio...

Como eu falo para sempre aceitarem tudo, aceitei e comi. Enquanto comia, percebi as pessoas olhando para mim e rindo. Quanto mais eu comia, mais elas riam. Foi então que escutei alguém da rodinha falando a palavra *"Mukh"*. Eu sabia que significava "cérebro". Finalmente entendi tudo e disse: "Não acredito que vocês estão me dando cérebro de carneiro!". Eles riram ainda mais.

Confesso que, depois de descobrir a natureza da iguaria, o gosto ficou esquisito. Provavelmente, se soubesse sobre o cérebro de carneiro antes, não teria aceitado, mesmo com a minha regra.

Senti aquilo como um batizado, um ritual de iniciação na cultura emirática. Foi quando comecei a entender o que é *arabizar*, e os fundamentos de se relacionar e negociar com os árabes. Eles mostraram para mim o real significado das palavras união e hospitalidade. A experiência foi inesquecível e iluminadora!

Palestra na Arábia Saudita (2021), um país de importância crescente e em pleno desenvolvimento. Estar aqui, promovendo o Brasil neste momento crucial, é fazer parte da história e contribuir para uma nova era de cooperação e progresso.

ALARGA TUA TENDA

"Tive o privilégio de conviver ao longo de um ano com Rafael, período em que exerci a função de encarregada de negócios na Embaixada do Brasil em Abu Dhabi.

De personalidade marcante, espírito agregador e detentor do 'dom das gentes', Rafael é profundo conhecedor da cultura e do mundo dos negócios nos Emirados Árabes Unidos, o que lhe permite atuar com desenvoltura na comunidade empresarial emirática.

Apaixonado a um só tempo pela cultura árabe e brasileira, sua atuação vai muito além da área empresarial, seus esforços visam também a aproximação entre emiráticos e brasileiros por meio da divulgação da cultura brasileira no país.

A trajetória de Rafael é marcada por seu dinamismo, competência e capacidade de trabalho, de que me beneficiei desde os primeiros dias à frente da embaixada. Nesse tempo, foram muitos os projetos desenvolvidos em parceria com a CCAB, que contribuíram para o fortalecimento das relações bilaterais Brasil/EAU.

Merecem menção destacada a Semana da Promoção de Cafés Especiais nos diferentes emirados e a participação na

Gulfood, entre várias outras feiras internacionais e visitas de autoridades brasileiras aos EAU, em que atuamos em parceria.

Rafael é um parceiro e amigo querido, que admiro e a quem muito devo."

Embaixadora Eliana Zugaib,
encarregada de negócios da Embaixada do Brasil
nos Emirados Árabes Unidos no ano de 2022.

CAPÍTULO 9

TECNOLOGIA E NEGOCIAÇÕES COM O MUNDO ÁRABE

Compete, não invejes.

◇◇◇◇◇◇◇◇◇◇◇◇

"A tecnologia mudou setores importantes nos últimos vinte anos, com aspectos positivos e negativos, mas as tecnologias podem ajudar a tornar nosso mundo mais pacífico e mais justo.
Com a tecnologia eletrônica e máquinas sendo produzidas e aprimoradas o tempo todo, todos os dias empresas lançam algo avançado para vencer a guerra do consumidor."

Por Khalid, na Cidade do Kuwait, capital do Kuwait

Prepare-se! Neste capítulo, você conhecerá o Mundo Árabe Digital!

No Brasil, sabe-se muito pouco sobre como os avanços tecnológicos que dominaram o mundo nas últimas décadas – com o advento da internet e o desenvolvimento das tecnologias de informação – influenciaram o Mundo Árabe.

É impossível tratarmos de avanços tecnológicos e sociais sem mencionar a Primavera Árabe, período de intensas agitações políticas que teve início em 2010, a qual culminou na derrubada de vários governos no Mundo Árabe. O movimento inaugurou uma tendência mundial de organização política por meio das redes sociais, o que só foi possível devido ao acesso dos jovens à internet.

No campo dos negócios, o desconhecimento ainda impera e impede o maior estreitamento de laços entre brasileiros e árabes por meio das tecnologias existentes e utilizadas por ambos. Significativos investimentos têm sido feitos no Mundo Árabe no tocante à digitalização de processos burocráticos, a cidades inteligentes, inovação e tecnologias financeiras, e você verá como essas novas ferramentas impactam os negócios.

Especialmente após a pandemia de SARS-CoV-2 a covid-19 (2020), muito do que era tendência de inovação tecnológica nas vendas, marketing e serviços para o consumidor, por exemplo, transformou-se rapidamente em norma, pela ocasião das novas necessidades sanitárias locais e globais de virtualização dos processos.

O mundo se transforma rapidamente – e com ele também caminha – ou corre – o Mundo Árabe!

O MUNDO ÁRABE DIGITAL

Os avanços tecnológicos perpassam vários aspectos da vida nas sociedades árabes.

Assim como no Brasil, em vários países do Mundo Árabe é possível fazer uma queixa na polícia por meio de site ou aplicativo do órgão de segurança. Nos Emirados Árabes, a tecnologia vai mais além: a polícia de Dubai é a primeira do mundo a oferecer serviços dentro do metaverso, um ambiente de realidade virtual acessível por meio de óculos de realidade aumentada, que é uma forte tendência de tecnologia e comportamento na internet para os próximos anos.

Dubai é, também, o primeiro governo do mundo a abolir a utilização de papéis e se digitalizar inteiramente. Processo que começou em 2018 com a Estratégia Dubai Sem Papel e que influencia, na pluralidade e na eficiência dos seus serviços digitais, os demais países da região.

Terminais de atendimento *smart* em supermercados e grandes lojas também são muito comuns. Nas lojas de departamento internacionais que atuam nos Emirados, os terminais calculam o valor da sua compra por meio do peso dos itens ao colocá-los nas cestas, além de um dispositivo que está lá para retirar o ímã das peças você mesmo e já levá-las para casa.

Tanto os governos do Mundo Árabe quanto os setores privados têm investido em setores emergentes na área da tecnologia, como o 5G, a inteligência artificial, a internet das coisas, a computação em nuvem, a segurança cibernética e o blockchain[25].

Blockchain (*block* = bloco, *chain* = corrente) são como livros contábeis digitais, que registram informações e mostram provas de transações duplicadas, servindo para dificultar ou impossibilitar a ação de pessoas que queiram modificar as informações. Elas são encadeadas como em uma corrente. O blockchain é um elemento de destaque para a evolução tecnológica atual, com vários usos possíveis, na relação entre governos, empresas ou pessoas. Métodos de pagamento on-line, sem a intermediação de instituições nacionais centralizadas, são possíveis devido ao blockchain.

A criação de bancos de dados permite o compartilhamento de informações de maneira transparente, muito útil para rastrear, por exemplo, transações financeiras. O blockchain proporciona maior rastreabilidade de mercadorias e produtos, e é muito utilizado no Mundo Árabe para rastrear a origem dos produtos alimentícios, que precisam ser *Halal*.

O Mundo Árabe tem uma população muito jovem de modo geral; na região do Golfo, vive uma população jovem e com muito poder aquisitivo. E quase toda ela tem acesso à internet.

---

[25] BHAT, Divsha. How technology will inevitably play an important role in Saudi Arabia. Gulf Business, 2022. Disponível em: https://gulfbusiness.com/how-technology-will-inevitably-play-an-important-role-in-saudi-arabia/. Acessado em: 15 jul. 2024.

No Norte da África, a porcentagem de pessoas com acesso à internet diminui para pouco mais da metade. Mesmo assim, trata-se de uma grande quantidade de pessoas que está online, divertindo-se, buscando conhecimento e consumindo.

Os jovens estão muito conectados por meio das redes sociais – e são cada vez mais influenciados pelas propagandas que veem nelas, o que alimenta o comércio on-line. Os árabes utilizam muito a internet para compras, tanto no seu país quanto em outros territórios.

EXPANSÃO DA TECNOLOGIA NA PANDEMIA

O Mundo Árabe agiu rapidamente para preparar e proteger a sua população durante a crise sanitária global provocada pelo novo coronavírus. Houve um boom de cozinhas compartilhadas por restaurantes voltadas exclusivamente para delivery, uma ideia que se popularizou com a startup CloudKitchens, cujo principal investidor foi o Fundo de Investimento Público da Arábia Saudita, um dos maiores fundos de investimentos soberanos do mundo.

Durante a pandemia, além da expansão do serviço de entrega das refeições prontas, passou a existir um serviço de envio da receita e dos materiais para o cliente cozinhar em casa!

O e-commerce teve, na pandemia, o seu momento de maior crescimento no Mundo Árabe, seguindo a tendência do que ocorreu em outros lugares do mundo. Os negócios precisaram se adaptar muito rápido para atender ao cliente. Com a limitação de circulação de pessoas, os maiores shoppings centers rapidamente precisaram exibir os produtos de suas lojas nas vitrines virtuais.

Referindo-me mais especificamente aos países do Golfo, as compras em supermercados também foram transferidas para o ambiente virtual. Até hoje, nunca mais voltei em um supermercado! A qualquer hora do dia ou da noite, tudo que eu compro chega à minha casa em até vinte minutos.

Nos Emirados Árabes, por exemplo, há ainda um aplicativo para celular em que você solicita que o abastecimento de gasolina vá até você! Um pequeno caminhão encontra o seu carro em qualquer localização, e você nem precisa estar no local: basta deixar a entrada de combustível destravada.

Também vi, no Mundo Árabe, as pessoas se consultando remotamente com médicos, a telemedicina, bem antes que tal prática se tornasse comum no Brasil! Outro fato interessante é que os Emirados Árabes já têm um ministro da Inteligência Artificial, veja só!

A Arábia Saudita, especialmente, tem investido bilhões na área de tecnologia da informação, montante que aumentou significativamente após a pandemia da covid-19[26]. Após o colapso sanitário, as autoridades passaram a priorizar o projeto já existente para a região, encabeçado pelo Conselho de Coo-

---

26 KAWA. In 2022, tech continues its rise in the Arab world. Disponível em: https://kawa-news.com/en/in-2022-tech-continues-its-rise-in-the-arab-world/. Acessado em: 15 jul. 2024.

peração do Golfo, que busca substituir a economia baseada em exportação de petróleo por uma economia baseada no conhecimento. Além disso, o país tem sido pioneiro no lançamento de projetos de cidades inteligentes, serviços inovadores ao consumidor e em novos modelos de negócios baseados em dados e inteligência artificial.

O MUNDO ÁRABE DIGITAL NOS NEGÓCIOS

É claro que as tecnologias de informação que caracterizam o mundo digital dependem tanto de uma boa cobertura de internet quanto de uma alta qualidade dessa conexão.

> **O aumento da cobertura de internet banda larga com conexões de fibra óptica no Mundo Árabe influenciou profundamente o desenvolvimento das estratégias e soluções digitais na área dos negócios.**

Nos governos, além do movimento de diminuir o uso de papéis nas transações oficiais, fazê-las *paper free,* estimula-se o uso de novas tecnologias em digitalização de processos, como é o caso do aplicativo para desembaraço das mercadorias.

Caso você ainda não saiba, "desembaraçar" é resolver as questões tributárias e alfandegárias de uma mercadoria quando ela chega ao seu destino em outro país. Nos Emirados Árabes, com um aplicativo, em poucos minutos a sua mercadoria é liberada do porto para a terra. Como os Emirados são um *hub* para o mundo, processos mais ágeis tornam-se vantajosos e competitivos em vários aspectos.

Mencionei anteriormente que o setor de finanças *Halal* tem muito destaque. O Conselho de Cooperação do Golfo, especialmente, tem investido muito em fintechs (abreviação para *financial technology*, em português, tecnologia financeira). São empresas ou startups que oferecem serviços e produtos financeiros digitais, com foco em tecnologia e inovação. Diz-se que o Mundo Árabe está nas vias de viver uma próxima era dourada, devido aos altos investimentos dos grandes da região na revolução tecnológica!

A maioria dos países árabes tem estabelecido fundos de investimentos para projetos de pequeno e médio porte em tecnologia da informação. Quase a totalidade dos países possui estratégias de segurança ou padrões oficiais de segurança para comunicações e redes virtuais.

Tais esforços em digitalização de processos, soluções tecnológicas e de segurança digital se refletem também na disposição dos empresários árabes em investir na área. Um dado que obtivemos por meio de pesquisa abrangente, realizada pela Câmara de Comércio Árabe-Brasileira em parceria com a H2R Pesquisas Avançadas, em vários países árabes durante a pandemia, diz que a maioria dos CEOs de varejo do Oriente Médio (cerca de 80%) buscava investir com prioridade no mundo digital.

As maiores oportunidades de parcerias de negócios no âmbito da tecnologia, segundo a mesma pesquisa, estão no setor de rastreabilidade (como em blockchains), na otimização da cadeia de suprimentos, nas tecnologias digitais sociais e na agricultura inteligente.

DIGITALIZAR É ARABIZAR!

A digitalização dos processos burocráticos no Mundo Árabe costuma ser bastante avançada, fato que facilita muito na hora de se fazer negócios. *"Ease of doing business"* é a frase de mando! Eles utilizam a tecnologia a favor dos negócios, desburocratizando e barateando processos.

É um fenômeno que começou na região do Golfo e tem se espalhado por todo o Mundo Árabe. Há uma facilidade extra na expansão de novas tecnologias, pois a população é bem jovem. Além de jovem, no Golfo, ela tem também grande poder aquisitivo, acesso à internet e é bastante imediatista. A digitalização ajuda a suprir as demandas desse consumidor.

> **Se você quiser estar no Mundo Árabe com a sua marca, prepare-se para construir a sua presença digital, de preferência com uma boa estratégia de marketing voltada para as redes sociais.**

Acredito que ainda exista certo paradigma que resiste no Brasil quanto aos moradores do Mundo Árabe; ainda há um pensamento de que estão todos no deserto, isolados e passando necessidades. Muita gente ficaria surpresa ao ver que, hoje, os *Khaleds* estão em todas as redes sociais que você puder imaginar! Montar um eficiente (logo, devidamente arabizado!) plano de marketing e divulgação dos produtos é essencial para atingir esse público – que só cresce! Porém, não é apenas uma boa divulgação de produtos que trará sucesso à sua empreitada com os consumidores árabes: o bom relacionamento da marca com o cliente é o coração de um sucesso verdadeiro. Um estudo da Câmara de Comércio Árabe-Brasileira sobre o perfil dos consumidores do Mundo Árabe chegou à conclusão de que eles são consumidores exigentes.

Compram pensando nos amigos, na família e na comunidade, priorizam marcas tradicionais e se sentem responsáveis por apoiar as marcas que consomem e valorizam os relacionamentos. São, acima de tudo, fiéis.

Conquistar e manter um relacionamento com esse público, que hoje está cada vez mais on-line nas redes sociais, tem sido um novo desafio para os empresários, que buscam investir cada vez mais em tecnologias e estratégias voltadas para o mundo digital.

◇◇◇◇◇◇◇◇◇◇

QUEBRANDO MINHAS FRONTEIRAS

Estava com a Câmara de Comércio Árabe-Brasileira em uma feira de negócios... – a essa altura, você já deve ter percebido que muitas das histórias de arabização acontecem em feiras de negócios! Isso se dá porque é nelas que os negócios acontecem. Nesse mundo de promoção comercial, muitos acordos são fechados em missões e *trade shows*.

Neste dia, estávamos participando da maior feira de mármores, granitos e rochas ornamentais da região do Oriente Médio, a Middle East Stone Fair. Fomos acompanhados pela Associação Brasileira da Indústria de Rochas Ornamentais, a Abirochas. Chegando à feira, montamos o pavilhão brasileiro, em verde e amarelo, em um espaço bem grande. Em estandes menores, as empresas expunham os seus produtos; eram cerca de quarenta empresas participando conosco, um número bastante expressivo. O primeiro e o último dia das feiras costumam ser os mais vazios. Para aproveitar o momento, chamei um executivo da Abirochas para tomar um café e dar uma volta pelos estandes de outros países. Ver os concorrentes e fazer um benchmarking, ou estudo da concorrência, é uma prática fundamental.

Ao passear por vários pavilhões, paramos no da Itália. Vi vários mármores e granitos maravilhosos. Em um estande específico, havia algumas peças coloridas de granito. Falei para o executivo brasileiro: "Olha lá aquela pedra, que azul lindo; parece brasileiro".

Ele respondeu: "Rafael, não só parece, é brasileiro mesmo". Era um azul tão lindo que certamente poderia ser inspiração para um poema em estilo árabe... um azul realmente muito bonito. "Então, quando você vir uma pedra colorida, a probabilidade de ser do Brasil é grande", disse o executivo, arrancando-me dos devaneios poéticos. "Temos pedras das mais diversas cores", continuou e falou sobre elas. Acho engraçado como essas rochas têm nomes que me lembram aqueles dos esmaltes de unha que minha esposa usa, como verde imperial, azul Ubatuba...

Porém, eu não estava convencido sobre a procedência da pedra. Ele poderia muito bem ter mandado fazer essa peça na China, em quartzo ou cerâmica. "Não acredita? Vou te mostrar no estande brasileiro quem deve ter vendido para ele". No estante brasileiro, perguntei para a pessoa mencionada pelo executivo se tinha sido ele mesmo a vender a pedra, ainda desacreditado! "É isso mesmo", ele respondeu, "essa pedra é da minha mina, lá do Espírito Santo".

No último dia, indignado pelo italiano estar vendendo a mesma pedra, resolvi conversar com ele. Fui disfarçado, demonstrando interesse na pedra. Ele me mostrou a pedra mais de perto, e pude ver a marcação *Made in Italy*. Pedi uma base de preços para ter uma ideia aproximada e anotei em um bloco; agradeci e voltei para o estande do brasileiro. Mostrei o preço do italiano e perguntei a quanto ele estava vendendo. Obviamente, ele vendia mais barato. O brasileiro disse: "Eu mando para a Itália o bloco inteiro e o italiano lapida a pedra". No estande do Brasil, a pedra estava lapidada. É muito comum, no entanto, que as empresas brasileiras vendam o bloco inteiro em vez da peça trabalhada, que tem maior valor agregado.

Descobri, neste último dia, que o brasileiro não havia vendido para ninguém – diferentemente do italiano, que vendeu muito, mesmo com um produto mais caro! Esse é um perfeito caso de arabização. Se o brasileiro investisse em um estudo para entender qual é a recepção do Mundo Árabe ao seu produto, ele iria entender que teria muito mais possibilidade de ganhar dinheiro vendendo direto para os árabes a pedra lapidada do que vendendo o bloco inteiro para a Itália.

O italiano trabalhou o marketing, o brasileiro não. Em vez de focar as vendas de pedras brutas para a China, a Europa e os Estados Unidos, os empresários brasileiros do ramo teriam muito mais a ganhar vendendo um produto lapidado, de maior valor agregado, para o Mundo Árabe!

Aprendi que a troca de cultura e compreensão é essencial para os negócios. Nesse ambiente único, percebo que essa conexão vai além do profissionalismo, ela é a base para o sucesso mútuo.

ALARGA TUA TENDA

"A Turma da Mônica teve um momento muito especial em 2018, quando pela primeira vez fomos aos Emirados Árabes Unidos participar do Brazilian Festival, no Yas Mall, com o intuito justamente de levar um pouco da cultura brasileira ao país. Deu muito certo, porque vimos que tanto os brasileiros que estão lá quanto os próprios residentes locais se apaixonaram imediatamente pelos personagens. Então, vimos que ali havia uma oportunidade de expansão de negócios, de expansão da própria marca.

Uma outra curiosidade muito interessante foi que a Turma da Mônica se encontrou com a personagem local da Turma do Majid, mostrando a enorme versatilidade da Turma da Mônica em fazer novas amizades em diferentes culturas. E fica aqui o nosso agradecimento especial de toda a Mauricio de Sousa Produções ao Rafael Solimeo por proporcionar essa experiência inesquecível."

Mauro Takeda de Sousa,
diretor executivo da Mauricio de Sousa Produções.

CAPÍTULO 10

RELACIONAMENTOS E NEGOCIAÇÕES, DUAS ARTES

O dono de um camelo tem
planos, e o camelo, outros.

◇◇◇◇◇◇◇◇◇◇◇◇

"Para fazer amizades no Mundo Árabe, você deve primeiro aprender sobre suas culturas e idioma, mesmo que quase todos possam se comunicar em inglês. Além disso, acredito que a confiança desempenha um papel fundamental na construção de amizades no Mundo Árabe. Você deve ganhar a confiança da pessoa para ganhar sua amizade. Os relacionamentos têm regras e princípios que não mudam desde os tempos antigos, especialmente os muçulmanos, e o mais importante deles é a sinceridade."

Por Israa Al Amin, em Khartoun, no Sudão

Ao longo de todo este livro, busquei construir com você, leitor, a ideia principal de que os relacionamentos pessoais estão no centro das negociações com o Mundo Árabe. Aqui estão as dicas finais e mais preciosas sobre como selar negociações com sucesso e conseguir parceiros árabes para propulsionar os seus negócios e construir novos sonhos juntos. Além disso, tratando-se de relacionamentos, acredito ser fundamental situar a posição das mulheres no Mundo Árabe no que diz respeito às negociações e à liderança na sociedade; e como tudo que ensinei até aqui se aplica também a elas, porém com algumas especificidades.

Quais são as oportunidades para mulheres brasileiras e árabes no mundo dos negócios? Como esse relacionamento pode ser estreitado e se transformar em uma parceria duradoura e que promova o empoderamento das mulheres de ambos os países? Como selar a negociação com chave de ouro e garantir que tudo terminará em comemorações? Como encontrar as pessoas certas para negociar no Mundo Árabe?

Por fim, te convido para um último e derradeiro mergulho na compreensão das formas de se relacionar com pessoas árabes, e como transformar esses bons relacionamentos em oportunidades únicas para todos!

LIDERANÇA FEMININA NOS NEGÓCIOS

Há, no senso comum, uma ideia muito errada de que todas as mulheres no Mundo Árabe são submissas. O que o resto do mundo não costuma conhecer, no entanto, é a extrema garra e vontade de vencer dessas mulheres ambiciosas e talentosas, a despeito de qualquer dificuldade.

A ocupação de mulheres em cargos de liderança e em diferentes postos no mercado de trabalho cresce e se diversifica exponencialmente. Ministras, CEOs, presidentes e vice-presidentes de multinacionais, *influencers*, cantoras, conselheiras de negócios, políticas – elas estão em todos os lugares de poder.

Em todo o Mundo Árabe, é muito comum a existência de Women's Business Councils, que são conselhos de mulheres de negócios. Os homens árabes, por natureza, se ajudam muito; as mulheres árabes ajudam ainda mais umas às outras.

Certa vez, fui ao Qatar me reunir com os integrantes do US-Qatar Business Council, e o *managing director* – em português, basicamente, diretor-geral –, o principal cargo, era de uma mulher! O mundo das mulheres de negócios está em plena ascensão e é um mercado muito aberto, bem diferente do que se imagina.

Seja nos negócios, em oficinas mecânicas, dirigindo táxis, pilotando aviões ou mesmo preparando-se para viagens espaciais, as mulheres árabes buscam ocupar todos os espaços antes dominados pela presença masculina.

A princesa saudita Reema bint Bandar é um grande exemplo de empreendedora, mulher de negócios e ativista pelos direitos das mulheres. Apareceu na *Forbes*, em 2014, como uma das 200 mulheres mais poderosas do Mundo Árabe. Ela foi a primeira embaixadora da Arábia Saudita nos Estados Unidos, entre tantas outras conquistas.

Podemos pontuar mulheres na liderança em vários setores, como na produção audiovisual, a libanesa Nadine Labaki, atriz e diretora de cinema, indicada a vários prêmios internacionais; nos esportes, a jogadora de *squash* egípcia tricampeã mundial, Nour El Sherbini, primeira mulher a atingir esse feito; na aviação militar, Sheikha Aisha bint Rashid Al Khalifa, primeira pilota de guerra da Força Aérea do Bahrein. Esses são apenas poucos exemplos das tantas mulheres que quebraram fronteiras reais e imaginadas no Mundo Árabe. Atualmente, muitos governos locais investem em iniciativas para trazer mulheres para diversas áreas de atuação profissional, pois entendem que seus talentos são indispensáveis para o desenvolvimento da sociedade.

PARCERIAS ENTRE MULHERES ÁRABES E BRASILEIRAS

Adentrando o mundo da moda e da influência digital, a presença das mulheres árabes também é forte. Tamaraah Al Gabbani, uma grande amiga da época da escola, é uma estilista de grande destaque nas redes sociais, que influencia milhares de mulheres por todo o Oriente Médio. Enxerguei no seu belíssimo trabalho uma oportunidade e a convidei, por meio da Câmara de Comércio Árabe-Brasileira, para conhecer o Brasil e participar do Fórum Econômico Brasil-Países Árabes.

Conseguimos conectá-la com o projeto humanitário da estilista de alta-costura Martha Medeiros, de quem Tamaraah já era fã. Martha Medeiros é do estado de Alagoas e tornou-se conhecida pelos vestidos feitos com técnicas sertanejas e rendas renascença, típicas do Nordeste do Brasil. Tamaraah Al Gabbani posou com um vestido de Martha Medeiros para a capa da revista *Vogue Brasil*, além de estabelecerem parcerias também em suas causas humanitárias.

Mulheres brasileiras e árabes que buscam conectar-se, trocar experiências e fazer negócios já fundaram até mesmo clubes para tratar dos seus interesses; clubes nos quais grandes mulheres como Luiza Trajano são ativas.

O empoderamento feminino no campo profissional é algo que tem acontecido de modo muito natural, evocando a autoridade que as mulheres sempre tiveram nos lares árabes. As novas gerações de mulheres estão saindo da faculdade e fundando startups, chefiando grandes empresas, ocupando as redes sociais e muito mais.

As maneiras de se portar, se relacionar e fazer negócios, para a mulher brasileira que quer negociar com uma mulher árabe, são basicamente as mesmas direcionadas aos homens. Leia este livro com atenção para saber tudo o que precisa para estabelecer uma conexão exitosa com qualquer pessoa árabe, seja homem seja mulher!

COMO SELAR NEGOCIAÇÕES NO MUNDO ÁRABE

Leitor, você chegou agora ao último nível de conhecimento sobre como fazer negócios no Mundo Árabe. Agora, você aprenderá como selar a negociação com chave de ouro e garantir que tudo terminará em comemorações!

Bem, você já aprendeu a conversar com as pessoas árabes, os convites que deve aceitar, como se portar, em que momento mostrar as tabelas de preço... "E agora, Rafael, o que falta compreender?".

Preste atenção! Pessoas árabes não são diretas. Você vai se deparar com muitos termos vagos e metáforas durante as negociações, como o famoso "*Inshallah*!". Não pense que isso é uma característica ruim, mas, sim, apenas um padrão de comportamento. Eles não o fazem para te irritar ou insultar, é só como as coisas são na cultura cotidiana. Então, como enlaçar essa negociação que pode parecer tão vaga?

Tenha ciência de que as pessoas árabes raramente pedirão por algum esclarecimento no acordo que estão discutindo; portanto, você deve clarificar cada detalhe em uma negociação, para garantir que ela, de fato, aconteça.

Digamos, por exemplo, que vocês caminharam em um relacionamento pessoal e de negócios, discutiram produtos, preços, remessas, mas, ainda assim, a pessoa se mostra vaga no fechamento. O que fazer? Respire fundo e com toda a educação, diga, tomando cuidado para não pressioná-la: "OK, então estamos fechados e vai dar tudo certo. O primeiro embarque vai ser para o dia tal, pode ser? Posso pedir para a minha equipe montar um contrato para você com dois contêineres da empresa tal...".

Agora, é só comemorar! E, é claro, manter as suas promessas e levar à risca tudo o que foi combinado.

ENCONTRE UM ASSOCIADO

Até falei de maneira breve disso anteriormente, mas, afinal de contas, como encontrar as pessoas certas para negociar no Mundo Árabe? A primeira dica, nesse sentido, é encontrar no país desejado um associado que tenha o potencial de te abrir portas. Um associado ou amigo que possa mitigar as dificuldades de entrada nessa nova cultura.

Se você não conhece ninguém, procure um conselheiro profissional em assuntos de negócios, ou pessoas interessadas que já fizeram negócios no Mundo Árabe. Assim, canalizará os seus esforços e atingirá os potenciais consumidores antes dos seus competidores.

Quando você tem um produto e quer entrar no mercado, mas não tem, ainda, quem compre de você, é necessário achar um representante ou distribuidor que esteja acostumado não só com o país, mas com o produto também.

O brasileiro precisa ficar alerta para a seguinte situação: é muito comum encontrar um árabe que se "engrace" com ele, elogie o Brasil e prometa que, juntos, ganharão muito dinheiro. Isso costuma acontecer especialmente com quem trabalha com frango e proteína animal, de modo geral.

Boa parte dos árabes gosta de negociar e de ganhar dinheiro, e sabe que o Brasil é famoso pelo frango. Existem os que veem um brasileiro vendendo frango e já enxergam os cifrões. Vão logo dizendo: "Gosto muito de frango, como compro frango do Brasil?". Se não é com a proteína, pode ser com açúcar ou café, que são itens de exportação igualmente famosos vindos do Brasil.

É extremamente importante que você entenda: depois de todo o trabalho que teve para chegar aqui, não dê conversa para qualquer árabe só porque está vestido de "*sheik*" ou demonstrando riqueza. É preciso cuidado, pois o que você necessita é de alguém que conheça e já tenha penetração no mercado.

Partindo do princípio de que você leu o livro, seu produto é bom e está arabizado, certamente haverá mais de uma pessoa interessada em te representar no Mundo Árabe.

Para escolher a pessoa certa, investigue as atividades do seu potencial representante. Se você vende frango, não entregue o seu produto a quem vende bicicleta!

Lembre-se de que o Mundo Árabe é muito grande! Cada país tem as suas características específicas e suas influências. Pode ser que te peçam exclusividade na distribuição dos seus produtos em todo o Mundo Árabe. Não aceite! Primeiro, por exemplo, peça para trabalhar em Omã. Se a pessoa bater a meta de vendas, converse sobre representá-lo em outro país. Enquanto isso, você pode procurar representantes em outros países também.

Uma vez que seu produto esteja em Omã, logo pode estar na Arábia Saudita. Se quiser vender na Jordânia, já estando na Arábia Saudita, suas probabilidades de adentrar bem nesse mercado aumentarão muito. É tudo uma questão de calcular e agir segundo as probabilidades de resultado positivo.

Leu meu livro? Está ótimo. Entende a necessidade de estar arabizado? Muito bom. Ganhou a confiança da pessoa árabe? Melhor ainda.

Gostou do seu representante em determinado país? Expanda a sua influência para a região. Tenha essa pessoa como sua representante no Golfo, por exemplo, em exclusividade. E busque um representante para o Levante, outro para o Norte da África. Cada um conhecerá melhor o mercado dos países da própria região do Mundo Árabe... Assim, as suas probabilidades de bons resultados só aumentam!

POR ONDE COMEÇAR?

Primeiro, existe a Câmara de Comércio Árabe-Brasileira, entre outras entidades que apoiam o *networking* entre Brasil e Mundo Árabe, como a APEX Brasil, a Agência de Promoção ao Comércio Exterior, assim como os Setores de Promoção Comercial e Investimentos (SECOM) nas Embaixadas locais do Brasil. A atribuição principal destas entidades é ajudar no intercâmbio de negócios. Algumas de suas ações envolvem a promoção de missões, participação em feiras internacionais e investigação das demandas de produtos e das feiras por acontecer, para que o seu investimento de tempo e dinheiro seja certeiro.

Há também entidades voltadas para setores específicos do mercado que você pode procurar.

> **O Mundo Árabe tem um lado institucional muito forte; valoriza-se as instituições pelas hierarquias que representam. Portanto, pode ser uma ótima ideia chegar ao Mundo Árabe amparado por alguma instituição de reputação respeitável naquele país.**

Os caminhos on-line, como por meio de plataformas, também são possibilidades, mas não particularmente recomendáveis, uma vez que se o árabe responder, não dará tanto valor para esse tipo de comunicação. Ele preferirá sempre conhecê-lo pessoalmente antes. Se você for para o país dele com uma missão de brasileiros, mostrar que faz parte de um grupo, pertence a uma instituição, e tiver a oportunidade de conversar cara a cara, isso fará toda a diferença!

Se não quiser acessar essas pessoas por meio de entidades, missões ou feiras internacionais, prepare a sua malinha, liste as empresas, agende as suas reuniões e vá! E não visite um único país. Aproveite que está no Golfo e faça três, quatro países da região. No Norte da África? Vá para a Argélia, Tunísia, Egito, Sudão... aproveite que já cruzou o mundo para vir ao Mundo Árabe e explore a sua viagem com sabedoria e estratégia!

QUEBRANDO MINHAS FRONTEIRAS

Morei minha vida praticamente inteira em Dubai, fui para o Brasil fazer faculdade, aprender melhor a língua portuguesa e me integrar à minha cultura materna, depois de concluir o ensino médio.

Logo que me graduei na universidade, surgiu uma vaga para executivo de negócios na Câmara de Comércio Árabe-Brasileira; a pessoa ficaria responsável por determinada região do Mundo Árabe, e o seu trabalho seria com o intuito de desenvolver os mercados do Brasil com essa região.

Eu tinha certeza de que cairia na vaga de executivo de negócios no Golfo, já que conheço a região como a palma da mão. Porém, após a entrevista, descobri que não! Fui alocado para o Norte da África. A princípio, confesso que fiquei bastante chateado, pois não era exatamente o que eu queria.

Na primeira semana de trabalho, recebi no Brasil uma delegação de autoridades do Ministério de Energias e de Relações Exteriores do Sudão; eles procuravam uma colaboração com o Brasil no setor de energia, especialmente no setor sucroalcooleiro. No Sudão também há plantação de cana, mas eles não possuíam as tecnologias para aproveitar 100% do vegetal para geração de energia, como acontece no Brasil.

Foi muito empolgante, pois, logo na minha primeira semana, a primeira reunião que fiz com a delegação do Sudão foi com o presidente da república na época, Luiz Inácio Lula da Silva. Naquele mandato, havia vários projetos com o Norte da África, e, além disso, ele era muito querido pelo povo africano. E correu tudo muito bem!

Um mês depois, recebi a notícia de que eu teria de ir até o Sudão. A missão era para tratar sobre tecnologias do agronegócio, algodão e o setor sucroalcooleiro. Participaria, também, de uma feira, a Internacional Trade Show, em Cartum, capital do Sudão. Fiquei bastante receoso, pois pouco conhecia o Norte da África, a não ser pelos conflitos bélicos e pela pobreza.

O Sudão havia acabado de sair de um conflito que ocasionou a separação dos territórios; na minha percepção, era um lugar perigoso. Só tive coragem de contar para a minha esposa o local que estava indo no dia do embarque. Dei um beijo nela, com um sentimento de que poderia ser o último.

Peguei o voo em São Paulo, fiz escala em Dubai e cheguei a Cartum, ainda um tanto assustado. No primeiro dia, deixei as malas no hotel e fui fazer a montagem da feira. Lá, conheci o meu tradutor, que se chamava Khaled. Ele falava português e árabe; não que eu precisasse dos seus serviços, mas eram necessários para os empresários que estavam comigo na missão.

Khaled, então, me fez um convite inesperado: convidou-nos, a mim e aos empresários brasileiros, para o casamento da prima dele. Achei estranho, pensando na flagrante carência financeira que observava nos moradores do país. No Brasil, não se chama qualquer pessoa para um casamento, tendo em vista os gastos com convidados extras!

Depois de ponderar bastante sobre o assunto, decidimos ir. Como seria um casamento muçulmano, pensei que poderia haver separação entre homens e mulheres, e isso causaria estranhamento entre os brasileiros. Combinamos de ficar apenas alguns minutos para marcar presença. No começo da noite, pegamos a van e dirigimo-nos, eu e os nove empresários, até o local do casamento.

Chegamos e avistamos de longe um salão enorme, e conseguíamos escutar um batuque. Pensei: "Conheço esse batuque".

A batucada foi ficando cada vez mais presente; proporcional ao sentimento bom que se espalhava entre nós. Havia mais de mil pessoas naquele casamento! Os noivos realmente não tinham muito dinheiro, mas a comida era mais do que suficiente para todos. Assim que entramos no salão, recebemos um pratinho de papel com duas coxinhas de frango fritas, um punhado de batatas fritas e um pão, embrulhados em um papel celofane.

Confesso que me arrepiei e tive vontade de chorar. No Brasil, gastamos tanto em um casamento, com tantos itens dispensáveis... e eles, com tão pouco dinheiro, alimentaram – e muito bem – mais de mil pessoas! Nunca comi coxinhas de frango, batatas fritas e pães tão gostosos em toda a minha vida. Não sei o porquê, só sei que estavam uma delícia.

Na pista de dança, homens e mulheres dançavam juntos – com respeito, é claro. A alegria era contagiante, e o batuque... muito brasileiro! Conseguia perceber nas pessoas e suas práticas a mistura da cultura africana com a cultura árabe. Algo muito bonito.

O que era para ser uma visita de cinco minutos transformou-se em uma presença de mais de cinco horas! Gostamos tanto que ficamos até o final. Todos se divertiram muito, as mulheres da delegação tentavam ensinar as sudanesas a dançar com os movimentos brasileiros, foi uma alegria só. Todos nos trataram com muito carinho, elogios e abraços.

Quero concluir essa história observando o quanto nós carregamos preconceitos em relação a essa parte do mundo. O quanto eu mesmo, que vivi no Mundo Árabe a vida inteira, carregava ainda alguns preconceitos. Com tão poucos recursos, eles foram capazes de gerar momentos preciosos e inesquecíveis. Percebi, ali, que somos muito mais semelhantes do que diferentes, e que, no final das contas, todas as culturas se unem quando compartilhamos sinceramente a nossa humanidade.

Somos, no Mundo Árabe, unidos pela língua árabe, e temos a religião muçulmana como predominante, mas não somos todos iguais. O Golfo, por exemplo, tem todo o dinheiro do mundo; eles são ricos, prósperos, os bolsos pesados com os seus petrodólares. O Levante, contendo países como Síria, Jordânia, Palestina, Líbano..., é a região berço das culturas judaicas, cristãs e muçulmanas. A história da humanidade está inscrita a partir do Levante. O Norte da África, por fim, também tem uma cultura muito forte. Imagine só, que o Egito fica no Norte da África! Assim como Marrocos, Tunísia e Argélia. Eles possuem outra riqueza fenomenal: a sua terra fértil! A terra é rica! No Golfo é tudo aridez; no Sudão, o solo é negro, porque é cheio de nutrientes. Assim como o solo em volta do rio Nilo, região que alimentou e ainda alimenta civilizações tão impressionantes. Terras que fazem lembrar, também, as riquezas naturais do nosso querido Brasil.

Não podemos falar que somos todos iguais, mas somos todos irmãos, compartilhando, neste canto do mundo, diferentes riquezas e histórias.

Uma noite inesquecível. Emocionado pela energia contagiante no ar, percebo como somos semelhantes, brasileiros e sudaneses, unidos pela alegria e pela celebração da vida. Khartoum, Sudão, 2012.

ALARGA TUA TENDA

"Nas minhas inserções na Península Árabe, tive a oportunidade de conhecer um brasileiro de pura alma árabe. Rafael Solimeo é seguramente um dos brasileiros com mais profundo conhecimento dessa notável cultura. É um executivo-diplomata que ao longo dos anos teve papel crucial na aproximação de oportunidades entre o Brasil e aquela próspera região do planeta."

Bruno Araújo,
deputado federal pelo estado de Pernambuco durante três mandatos consecutivos e Ministro das Cidades do Brasil.

CONCLUSÃO

No deserto da vida, os sábios viajam de caravana, enquanto os tolos preferem viajar sozinhos

Quero concluir este livro evocando algumas reflexões que trouxe no início.

O sonho dos brasileiros, no campo das exportações e parcerias internacionais, costuma ser vender para os Estados Unidos e a Europa – como se isso fosse um atestado de sucesso para o seu produto ou a sua empresa. Eles não veem o quanto esse pensamento já faz parte do passado, quando analisamos a atual conjuntura e as perspectivas de futuro da economia global. São mercados já saturados para as mercadorias brasileiras!

Com essa ideia limitada, os empresários brasileiros deixam de ganhar em um mercado que poderia ser muito mais explorado, o do Mundo Árabe. Atualmente, temos aumentado a participação em parcerias com países árabes, chegando ao ponto de o bloco que representa os 22 países árabes ser, hoje, o terceiro maior parceiro econômico do Brasil no comércio exterior. Mesmo assim, ainda acredito ser uma aproximação comercial bastante insuficiente, considerando as potências produtivas brasileiras.

Existem muitos países árabes que o Brasil ainda não toca; territórios carentes dos mais diversos tipos de produtos que nós temos para vender.

Povos ao redor do globo fazem negócios com o Mundo Árabe há incontáveis anos; todavia, isso não significa que eles já tenham acesso a todos os produtos de que precisam.

Os árabes, em geral, não sabem que o Brasil tem o que precisam – e muito mais. Eles poderão, inclusive, descobrir novas necessidades que só serão supridas pelo Brasil, como o açaí. É uma questão de saber explorar o mercado árabe com base no conhecimento das nossas potencialidades!

O chuveiro elétrico é um dos casos de produtos brasileiros, além das commodities, que fez muito sucesso em mercados árabes. Banho quente, barato, fácil e rápido, que até então não existia por lá! A executiva de uma grande empresa de chuveiros certa vez me disse que o chuveiro elétrico é uma das formas mais baratas de se tomar banho quente no mundo. Os árabes não conheciam essa facilidade, e agora, nos locais onde existe essa representação, já se criou uma importante necessidade pelo produto brasileiro.

De maneira correlata à experiência do banho quente no chuveiro elétrico, os árabes só saberão que gostam de açaí quando o provarem! O mesmo pode ser aplicado a outras iguarias típicas do Brasil, como o cacau.

O árabe dificilmente saberá que o chocolate vem de uma fruta chamada cacau, e que o Brasil produz cacau sustentável, com o método cabruca, em que a fruta cresce entre as árvores da Mata Atlântica, sem que as florestas precisem ser desmatadas, como acontece na maioria das monoculturas tradicionais. Um produto agrícola, mas com maior valor agregado. Até o momento que escrevo este livro, nunca vi cacau *in natura* na gôndola de algum supermercado árabe. Imagina se essa moda pega?

Quando ignora o Mundo Árabe, o brasileiro perde oportunidades.

O resto do mundo está lá, sem saber o que o Brasil tem para oferecer. Menciono muito os Emirados Árabes, pois é a região árabe com a qual tenho maior familiaridade, onde cresci e moro atualmente. No entanto, tenho experiências de intermediações de negócios nos 22 países árabes. São muitos países; logo, também muitas possibilidades!

Vá descobrir os países que não conhecem o seu produto, seja ele o cacau orgânico, o açaí, o chuveiro elétrico... O céu é o limite, tendo em vista as riquezas naturais, criativas e intelectuais do nosso país!

O Mundo Árabe, especialmente o Golfo, é conhecido, hoje, por ser uma região próspera, cuja economia se baseia na extração de petróleo. Porém, todos os países envolvidos nesse setor econômico vêm se reinventando, buscando diversificar a sua renda e investimentos, para construir um futuro sem a dependência do combustível fóssil. Os grandes fundos soberanos mantidos por esses países têm investido em diversos setores econômicos e até em outros países, como o Brasil.

Pontuo esse fato, pois é o meu sonho ver o Brasil deixar de depender tanto de um setor específico da economia, que é o agronegócio, assim como os árabes do Golfo dependem do petróleo. E que fique claro: o agronegócio brasileiro é gigante e extremamente importante para a economia do país, e devemos, sim, continuar trabalhando para a consolidação da sua liderança no mercado global.

Gostaria, no entanto, que pensássemos além e buscássemos investir mais em produtos de maior valor agregado, para diversificar estrategicamente as nossas fontes de riquezas. "O Brasil é agro, e o agro é forte", mas também possuímos grandes empresas que são potências, na aviação, por exemplo, a Embraer; na mineração, como a Vale; ou nos transportes, como a Marcopolo.

Várias médias e pequenas empresas brasileiras buscam ganhar o mercado internacional com mercadorias e serviços de alto valor agregado – acredito

firmemente que elas devam ser incentivadas e financiadas!

Trata-se de uma estratégia de comércio exterior e diversificação de exportações que só tem a acrescentar para a expansão da influência do Brasil pelo mundo, tal como na acumulação de capitais. O mercado árabe está aberto para a criatividade e a excelência dos produtos que só o Brasil tem a oferecer!

A minha primeira intenção ao escrever esta obra foi a de quebrar os preconceitos ainda existentes em relação ao Mundo Árabe; ensinar que esse mundo, que parece distante, é, na realidade, muito mais parecido com o nosso do que pensávamos.

Curiosos de todas as profissões podem se beneficiar com a quebra de paradigmas que proponho aqui; não é necessário que você seja um executivo para fazer uso dos ensinamentos deste livro.

Encher-me-ia de felicidade se uma bailarina, cantora, alguém do setor de entretenimento e de serviços, por exemplo, decidisse fazer carreira no Mundo Árabe – ou apenas considerasse conhecê-lo e investigá-lo por si mesmo – após identificar as oportunidades e belezas que não canso de destacar.

Instigo você a pegar um voo, vir para o Mundo Árabe e conhecer locais, processos e pessoas árabes mais de perto – lembrando-se de utilizar as tantas dicas e informações que selecionei tão cuidadosamente para facilitar o seu caminho!

A segunda intenção da obra foi a de orientar o leitor a como arabizar a sua empresa, suas metodologias de negócios, sua forma de se relacionar com potenciais parceiros e de vender o seu produto. Amarrei as orientações que se mostraram mais efetivas para o fechamento de negócios em todos os meus anos de experiência no comércio internacional entre Brasil e Mundo Árabe. Seguindo-as, não tem erro, você estará muito perto de atingir os seus objetivos comerciais!

O Mundo Árabe está no centro do planeta. É formado por países bem localizados geograficamente e conectados a muitas outras regiões, para as quais você também poderá expandir as suas influências.

Se você leu o livro até aqui, sabe que o árabe pode demorar a fechar negócios, mas, quando o fizer, a parceria será eterna – contanto que bem cultivada. Ele não te trocará facilmente, uma vez que esteja estabelecida uma relação sólida de confiança e amizade. Pense em como é interessante construir uma relação como essa com alguém que pode levar os seus produtos e serviços para partes do mundo onde você jamais imaginaria estar!

O povo árabe é confiável, fiel e estrategicamente localizado no mundo. Se você se arabizar e oferecer, além de um bom produto, fidelidade, amizade e competência, seguirá lado a lado dessa caravana milenar, que poderá levar o seu produto para lugares como Cazaquistão, Etiópia, Nigéria, Tailândia, Índia e até mesmo Espanha, Polônia... Basta observar as fronteiras no mapa.

O Mundo Árabe pode se transformar em um excelente *hub* para a distribuição dos seus produtos.

Há milhares de anos os árabes negociam ao redor do mundo; suas caravanas, sejam no deserto sejam nas terras férteis, estão prontas para receber e abraçar aqueles que também possuem visão de longo alcance, compromisso e vontade de prosperar.

O que você está esperando? Vá atrás do seu lugar nelas!

Sobre o autor

Nascido no Brasil e criado nos Emirados Árabes Unidos, Rafael Solimeo é formado em Gestão de Turismo com um MBA em Negócios Internacionais. Foi responsável pela internacionalização de diversas empresas no Brasil e no Mundo Árabe.

Vem trabalhando com a Câmara de Comércio Árabe-Brasileira desde 2013, sendo responsável por toda a região do Golfo. Em 2019, foi transferido para Dubai e nomeado como chefe dos escritórios internacionais, consolidando ainda mais sua posição como um condutor influente na promoção dos laços econômicos entre o Brasil e o Mundo Árabe.

Mais recentemente, por meio da Câmara de Comércio Árabe, fundou o Conselho Empresarial Brasileiro nos Emirados Árabes Unidos, onde atua como presidente, demonstrando seu compromisso em promover o comércio e o investimento bilaterais, ao mesmo tempo em que defende os interesses da comunidade empresarial brasileira no mundo árabe e vice-versa.

Rafael nunca foi o tipo de pessoa que gostava muito de ler livros, por conta do seu diagnóstico de transtorno do déficit de atenção com hiperatividade (TDAH). Isso faz a escrita e a publicação do seu primeiro livro serem para ele uma grande conquista profissional, mas principalmente pessoal, mostrando que pessoas com TDAH podem fazer tudo – inclusive escrever um livro!

CONTATOS: contato@solimeo.com.br

FONTE Garamond Premier Pro
PAPEL Pólen Natural 80g/m²
IMPRESSÃO Paym